CONDUCTAS PROBLEMA EN EL NIÑO NORMAL

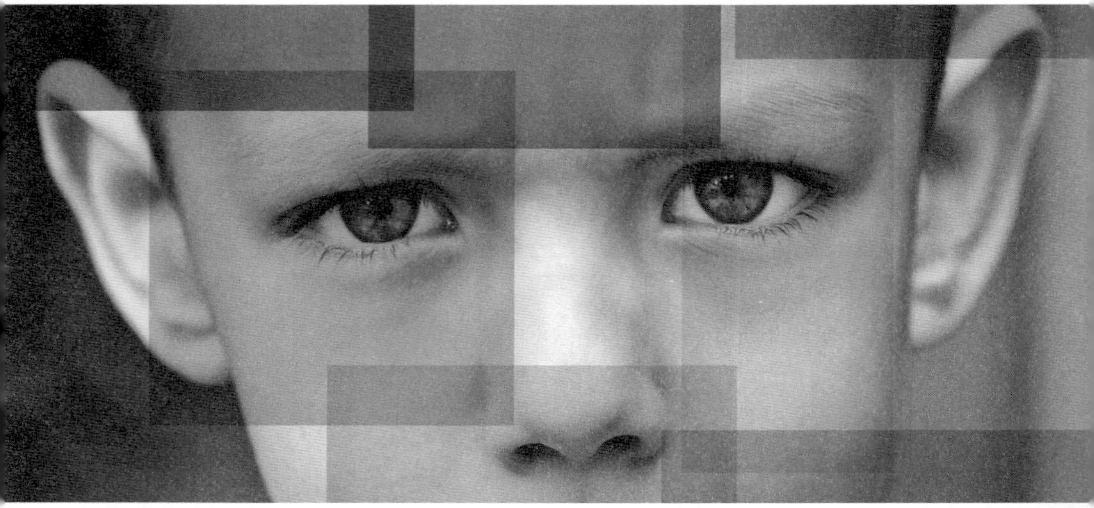

CONDUCTAS PROBLEMA EN EL NIÑO NORMAL

Programas preventivos y terapéuticos. Guía para padres y maestros

Guido Aguilar

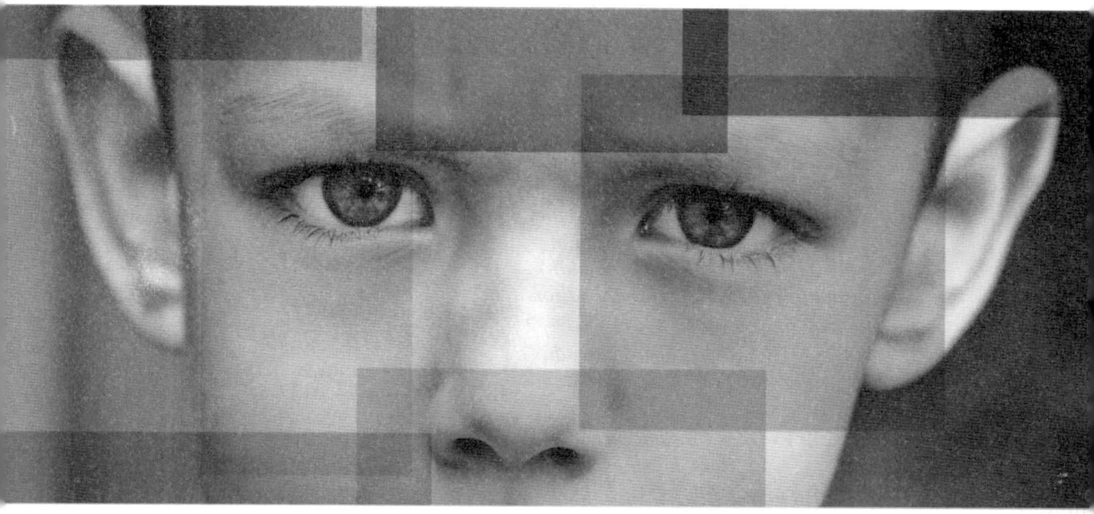

EDITORIAL TRILLAS

México, Argentina, España, Colombia, Puerto Rico, Venezuela ®

Catalogación en la fuente

Aguilar, Guido
Conductas problema en el niño normal : programas preventivos y terapéuticos : guía para padres y maestros. -- 3a. ed. -- México : Trillas, 2010.
242 p. ; 23 cm.
Inluye bibliografías e índices
ISBN 978-607-17-0558-7

1. Problemas emocionales de niños. 2. Niños - Dirección.

D- 155.41'A626c LC- BF723.E598'A3.2 1611

División Administrativa,
Av. Río Churubusco 385,
Col. Pedro María Anaya, C.P. 03340,
México, D. F.
Tel. 56 88 42 33, FAX 56 04 13 64

División Comercial,
Calzada de la Viga 1132,
C.P. 09439, México, D. F.
Tel. 56 33 09 95, FAX 56 33 08 70

www.trillas.com.mx

Tienda en línea
www.etrillas.com.mx

Miembro de la Cámara Nacional de la Industria Editorial.
Reg. núm. 158

Primera edición, XE
(ISBN 968-24-2250-7)
OS,OM, OE, OO, SI, SL
Segunda edición, SX
(ISBN 978-968-24-8137-6)

Tercera edición, julio 2010
ISBN 978-607-17-0558-7

Impreso en México
Printed in Mexico

Introducción

En la actualidad existen cursos y libros para todo tipo de actividades humanas, excepto, curiosamente, para una de las más importantes: ser padres. En efecto, no se nos enseña a ser padres y de manera general tendemos a comportarnos con los hijos como nuestros padres hicieron con nosotros (lo cual no es ninguna garantía de éxito).

Para el trabajo terapéutico infantil es importante recomendar algún libro de texto a los padres, en donde éstos puedan obtener datos complementarios sobre el problema de su hijo y aclarar algunas dudas. Sin embargo, no es fácil recomendar un buen libro, pues los que técnicamente son correctos acostumbran utilizar un lenguaje especializado y resultan de difícil comprensión para los padres. En el otro extremo, abundan libros dirigidos a los padres cuyos autores son personas de buena voluntad, pero que no poseen conocimientos profundos sobre la naturaleza de los problemas infantiles. De ello resulta un texto que los padres entienden fácilmente, pero que tiene fallas técnicas (y muy serias en ciertos casos). Son escasos los libros que llenan el doble requisito de ser accesibles a los padres y adecuados técnicamente; el problema con ellos es que, casi siempre, son escritos en otro idioma, para otra cultura, a veces para otro tipo de problemas en los que se emplean recursos que generalmente no existen en el mercado de los países de habla hispana (calzones desechables con alarma y sistema de señalización, en el caso de la enuresis, por ejemplo). Este libro surgió ante la necesidad de contar con un texto que responda a las necesidades de los padres de habla hispana, que sea de fácil comprensión y técnicamente correcto. Se escogieron algunos de los problemas más frecuentes en los niños y se invitó a psicólogos y psiquiatras especializados a trabajar sobre estos temas. Se les pidió formular un programa muy concreto, basado en su conocimiento y experiencia, mismo que pudiera ser desarrollado por los propios padres, con un mínimo de supervisión profesional. Se les sugirió, además, no usar terminología técnica e inclusive sacrificarla si con ello se facilitaba la comprensión del texto.

Después de dos años de trabajo en que se reformularon varios capítulos y se rechazaron otros, se seleccionó el material presentado en este libro. El resultado es una colección de programas que, por un lado, será útil para padres de familia cuyos hijos tienen problemas, y por otro, servirá como texto directo, libro de consulta, sugerencias y apoyo terapéutico para psicólogos, psiquiatras, educadores, maestros, pediatras y toda persona interesada en el bienestar infantil. El libro será también de ayuda para padres jóvenes que estén interesados en conocer más sobre los niños, de manera que puedan evitar problemas con sus hijos.

Los programas son independientes y autosuficientes (de manera que para entender un capítulo no es necesario leer todo el libro), y ofrecen soluciones y pautas específicas sólo para los casos más comunes.

Para facilitar esta tarea se dividió el libro en cuatro grandes secciones. Cada una de ellas es independiente de las demás; inclusive, los capítulos no siguen una secuencia lógica predeterminada, por lo que se puede leer cada uno por separado, en el orden que interese al lector. Desde luego, los capítulos que conforman cada sección tienen una temática común. En la primera se incluyen capítulos que tratan sobre diversos aspectos del desarrollo psicológico del niño. El capítulo 1 es una guía sobre el curso normal de la evolución infantil, y contiene, además, recomendaciones generales para facilitar el desarrollo del niño. En el capítulo 2 se ofrece un programa específico para ayudar a los infantes que manifiestan un retraso en el caminar. Un problema que origina tensiones en la familia es cuando el niño moja la cama, ya que al preocuparse los padres se preocupa también el hijo. En el capítulo 3 se discuten algunas de las razones que lo ocasionan y se ofrecen pautas concretas para su solución. El capítulo 4, por otra parte, proporciona información y consejos útiles para prevenir los miedos infantiles y contribuir así a la seguridad psicológica del niño.

La segunda sección está dedicada a los problemas de interacción social y familiar más comunes en los niños. Así, el capítulo 5 contiene un programa para tratar al niño que quiere compartir la cama de sus padres. Obviamente, este es un capítulo destinado sólo a quienes consideran dichas visitas inapropiadas, inaceptables o irritantes; perturbadoras de su sueño y de su intimidad; y no a los padres que disfrutan de este peculiar visitante nocturno. Por otro lado, la timidez puede concebirse como un problema, ya que dificulta el éxito del niño en sus relaciones interpersonales, sociales, familiares y académicas. Los niños no nacen, sino se hacen tímidos. El capítulo 6 muestra cómo enseñarlos a relacionarse de manera efectiva con los demás y ayudarlos a sentirse más seguros de sí mismos. Una idea similar se aplica en el capítulo 7, que trata sobre la conducta agresiva. La noción principal allí desarrollada parte del supuesto de que la conducta agresiva no es heredada ni innata, sino que se adquiere a través de las experiencias vividas por el niño durante su desarrollo. Tal conducta llega a ser socialmente inaceptable cuando se vuelve un mecanismo mediante el cual el niño intenta conseguir sus objetivos. Este capítulo fue diseñado para los padres que se enfrentan a dicha situación. Otro problema frecuente con los niños es la mentira. En el último capítulo de esta sección se analizan las principales causas por las que los niños mienten, se proporcionan criterios para determinarlas y se presentan programas concretos para su solución.

En la tercera parte se tratan temas muy controvertidos y delicados en nuestra sociedad. No son problemas en sí mismos, sino áreas comúnmente asociadas con prejuicios y prohibiciones, como lo es la sexualidad del ser humano. En el capítulo 9 se ofrecen algunas recomendaciones acerca de cómo y qué información sexual proporcionar a los infantes, lo cual dependerá, naturalmente, de la edad de ellos, así como de los valores y las creencias de cada familia y de la sociedad en que vive. Más complejo aún es el tema tratado en el capítulo 10, en donde se intenta delimitar lo que puede considerarse una exploración genital aceptable: la masturbación infantil. Se presenta allí un programa que puede ser aplicado por los padres que, de acuerdo con sus propios valores, consideran que su hijo lo necesita. Menos controvertido pero igualmente importante es el nacimiento del segundo hijo, pues ocasiona frecuentemente celos en el primogénito y conflicto en los padres. En el capítulo 11 se ofrecen pautas para evitar que esta situación afecte la armonía familiar, o para superarla si ya se presentó.

La cuarta y última sección está dedicada a los frecuentes problemas académicos de los niños. El capítulo 12 presenta dos programas para motivar a los alumnos a estudiar más y rendir mejor en el colegio, disfrutando al mismo tiempo el estudio. El caso es diferente cuando los niños se niegan a asistir a la escuela; ello puede tener diversos motivos. En el capítulo 13 se analizan con cierto detalle y se brinda, además, un programa específico para resolver el problema según su causa. Finalmente, en el capítulo 14 se proporciona una serie de ejercicios educativos y formativos, para que los padres estimulen adecuadamente a sus hijos en las habilidades básicas necesarias para aprender a leer y escribir sin dificultad. Su realización oportuna previene problemas y facilita el aprendizaje académico del niño.

Queremos agradecer a Enrique Cervantes, con quien se trabajó la idea germinal de este libro; a María Teresa Fonseca, por la preparación del manuscrito; y a todos los autores de los diferentes capítulos, pues varios de ellos tuvieron que adecuar sus escritos a nuestras exigencias e incluir cambios y sugerencias; otros tuvieron que aceptar la demora en la publicación de sus trabajos, hasta que todos estuvieron listos. Creemos que el esfuerzo se recompensó con el resultado y que el libro será de verdadera utilidad para muchos adultos y niños.

Para esta nueva edición se actualizaron y complementaron la mayoría de los capítulos del libro con información reciente y el resultado de la experiencia clínica y educativa de los autores. Se les invitó a revisar los capítulos del libro que escribieron hace ya 20 años y que han ayudado a innumerables padres, madres, maestros(as) y a sus hijos(as) y alumnos(as) a resolver problemas conductuales. En ciertos casos los autores reescribieron completamente sus capítulos; algunos los complementaron con la colaboración de otros profesionales, que en esta edición aparecen como coautores. Y en algunos pocos casos en que se perdió el contacto con el autor original, los editores asumimos el derecho de invitar a psicólogas experimentadas en el tema a revisar y actualizar el capítulo. Ellas figuran también como coautoras. Sólo cuatro de los 14 capítulos quedaron en su forma original, básicamente por ser programas muy concretos que siguen técnicamente vigentes. Esta es, pues, una edición actualizada, corregida y aumentada, que esperamos sirva para contar con intervenciones aún más específicas y eficientes, que ayuden a resolver algunos de los innumerables problemas de conducta de los niños de hoy.

GUIDO AGUILAR

Índice de contenido

TERCERA PARTE
El sexo y el nacimiento

CUARTA PARTE
Problemas académicos

PRIMERA PARTE

Aspectos del desarrollo infantil

Aspectos del desarrollo infantil

1

El desarrollo psicológico del niño

Carlos A. Peyre y Cecilia de León

La crianza de nuestros hijos puede resultar una de las experiencias más gratificantes de la vida. El asombro frente al milagro de la vida y la satisfacción al observar el desarrollo de un nuevo ser pueden proporcionarnos enorme felicidad y gozo. Pero también puede constituir una experiencia provocadora de desconcierto y ansiedad. Muchos padres, preocupados por el bienestar de su hijo, se enfrentan a dudas y temores respecto de su conocimiento y capacidad para proporcionar las experiencias necesarias para un óptimo desarrollo. Estas dudas y temores se originan, casi siempre, en la falta de información objetiva sobre los procesos de desarrollo infantil. Debido a tan gran carencia de nuestro sistema educativo, no se proporcionan estos imprescindibles conocimientos a los educandos.

Los padres conscientes, empeñados en brindar a sus hijos las mejores oportunidades para que desarrollen plenamente sus capacidades, acuden a distintos medios para adquirir la información necesaria. Parientes, amigos, medios de comunicación masiva (diarios, revistas, radio, televisión, etc.), se convierten así en fuentes primarias de información. Sin embargo, esta clase de "asesoramiento" no es profesional y por esto la información muchas veces resulta confusa, contradictoria, demasiado general, o, como sucede no pocas veces, errónea. Para estos padres deseosos de ofrecer lo mejor a sus hijos, pero que han visto frustrada su búsqueda de información veraz, objetiva y concreta, es para quienes escribimos este capítulo, cuyo objetivo es proporcionar una guía del desarrollo infantil que permita saber qué se puede esperar del niño y a qué edad. Al mismo tiempo, nos proponemos brindar algunas sugerencias sobre cómo ayudar al niño, facilitando su paso por las distintas etapas del desarrollo, estimulándolo para que logre un mejor aprovechamiento. Al hablar de "el niño" o de "los hijos" nos referiremos a ambos sexos, a menos que lo hagamos notar de manera explícita.

La información que a continuación ofrecemos ha sido obtenida gracias al estudio meticuloso de muchísimos investigadores que trabajaron con miles de niños de distintas culturas. Nos es grato ponerla a disposición del lector y esperamos que contribuya a que el periodo de crianza sea una experiencia gratificadora y placentera.

LA INDIVIDUALIDAD DE SU HIJO

Su hijo es diferente de los otros niños. Posee constitución propia, formas de comportarse y un patrón de crecimiento distintos. Es importante tener siempre presente lo anterior y respetar esta individualidad. Por otra parte, todos los niños tienen ciertas características en común: crecen y se desarrollan por etapas, y todos tienen necesidades que satisfacer. Estudiando estos "patrones típicos" del desarrollo es como se han podido elaborar guías evolutivas. Si usted observa a su hijo o hija cuidadosamente, podrá notar en qué grado se acerca a este patrón general de desarrollo, así como los cambios que se presentan cuando el niño pasa de una etapa a la siguiente. No se alarme si su hijo no sigue este patrón al pie de la letra. Recuerde que no existen dos niños iguales y que el ritmo de crecimiento puede variar entre un niño y otro. Entonces, si bien es cierto que los niños siguen un patrón general de crecimiento, también es verdad que no todos lo hacen de la misma forma. A continuación se ofrece una guía sobre los patrones típicos que siguen los niños en su desarrollo. Al utilizarla, usted podrá seguir de cerca la evolución de su hijo y estará en condiciones de estimularlo adecuadamente en lo que sea necesario. Le ayudará también a percibir con oportunidad cualquier problema que se presente.

EL RECIÉN NACIDO

El recién nacido normal posee capacidades verdaderamente asombrosas. Es sensible a una gran cantidad de estímulos. Al nacer es capaz de ver, oír y oler, aunque no pueda todavía comprender estas sensaciones. Es sensible al dolor y experimenta placer al ser acariciado. Desde su nacimiento, el niño está listo para experimentar casi todas las sensaciones básicas. La única vía sensorial que tal vez no funcione al momento de nacer es el gusto, pero aun éste se desarrollará rápidamente. El niño, una vez que nace, posee capacidad de percibir activamente su ambiente físico, incluyendo las personas que lo rodean.

Los reflejos del recién nacido son también sorprendentes. Si se toca con el dedo un extremo de la boca del niño, éste automáticamente volverá la cabeza en dirección del estímulo, abrirá la boca y tratará de chupar el dedo. Este reflejo le permite nutrirse, y dura hasta los cinco o seis meses. Si se presiona con el dedo la palma de la mano del infante, éste cerrará sus dedos alrededor del dedo que lo estimula. Lo mismo ocurre con las plantas de los pies. Pero si se pica con una aguja la planta del pie del infante, éste retirará el pie. Si se da una palmada aproximadamente a 45 cm de su cabeza, el bebé cerrará sus ojos. Si el recién nacido está acostado boca arriba, se le toman las manos y se le jala lentamente hasta ponerlo sentado, se nota que el bebé opone cierta resistencia. Estos reflejos son importantes para el recién nacido, e irán desapareciendo en el curso de su primer año de vida. Cualquier anomalía que usted note al respecto deberá comunicarla al pediatra.

Otras conductas que usted notará: el bebé extiende y flexiona las extremidades; cruza y descruza los pies; emite sonidos de manera espontánea y como respuesta a algún estímulo; sonríe, primero como reflejo pero más tarde como respuesta a una persona o situación que le es agradable. También notará usted que el recién nacido pasa gran parte de su tiempo durmiendo, normalmente de 18 a 20 horas diarias, y que en ocasiones mueve los ojos breve y rápidamente bajo sus párpados cerrados. Este movimiento rápido de los ojos en los adultos es indicio de que la persona está soñando. Sería maravilloso llegar a saber si los recién nacidos sueñan y cuál es el contenido de sus sueños.

EL DESARROLLO DE CERO A UN AÑO

Como hemos visto, desde el momento de nacer, el niño está interactuando activamente con su ambiente. Pues bien, las experiencias del primer año habrán de sentar las bases para su desarrollo futuro;

de allí que el descuido o el rechazo traerán como consecuencia que la capacidad social e intelectual del niño se vea menoscabada. Es muy importante que el recién nacido permanezca el mayor tiempo posible con su madre, pues esto ayuda a que los vínculos de apego entre hijo y madre se desarrollen. Otro elemento que colabora también a establecer y fortalecer dichos vínculos es la lactancia.

Lactancia

La leche materna es, ciertamente, el mejor alimento para el niño: es una fuente completa de nutrientes, se absorbe fácilmente, es rica en enzimas que facilitan la digestión y contiene los anticuerpos que protegen al pequeño contra las infecciones y alergias.

Muchas madres se preguntan acerca de si es conveniente o no el habituar al pequeño a un horario fijo para la alimentación. Al respecto, hoy día existen personas que sostienen la necesidad de establecer un ritmo regular e inmutable, y quienes, desde el extremo opuesto, recomiendan alimentar al bebé cada vez que llore por hambre. En realidad hay niños que se acostumbran muy fácilmente a un horario, otros, en cambio, no quieren saber de los mismos. También es necesario tomar en cuenta la situación de la madre: si trabaja o no, cuál es su estado psicológico y su situación de presión externa. Lo importante es que la lactancia, ocasión del más íntimo contacto entre el niño y la madre, resulte para ambos un momento de felicidad y gozo.

Desarrollo motriz

La habilidad y destreza motora han tenido un papel fundamental en los esfuerzos del ser humano por controlar su ambiente físico y social. A través del movimiento y de la acción se satisfacen las necesidades, se manifiestan al exterior las intenciones, y, en una palabra, se transforma al mundo. Por esta razón es importante seguir de cerca la evolución del niño, no sólo para prestarle ayuda y estímulo, sino también para intervenir a tiempo en caso de que se perciba cualquier tipo de retardo.

Los movimientos del niño son expresión de su desarrollo, así vemos que a los siete y ocho meses el bebé puede mantenerse sentado sin apoyo; a los nueve, casi todos los bebés son capaces de permanecer sentados sin apoyo durante 10 minutos o más; también a los nueve meses se mantiene parado con ayuda. A los 10, gatea; a los 11, puede caminar tomado de la mano; y a los 12 meses, el bebé "típico" puede ponerse de pie apoyándose en un mueble. En el cuadro 1.1 se presenta información adicional con respecto al desarrollo motriz durante el primer año.

Cuadro 1.1. Desarrollo motriz del niño durante el primer año.

Edad	*Desarrollo motriz*
4 semanas	1. La cabeza cae hacia adelante si está sentado. 2. Cierra los puños. 3. Puede enfocarse en una cara. 4. Responder al sonido de una campana de alguna forma como llorar, sobresaltarse o calmarse.
16 semanas	1. Sobre el estómago puede levantar la cabeza 90 grados. 2. Mueve los brazos si ve un juguete en movimiento. 3. Se lleva los juguetes a la boca. 4. Sigue un objeto con la vista de un lado a otro. 5. Sacude una sonaja. 6. Se ríe.
28 semanas	1. Puede mantenerse sentado sin ayuda. 2. Comienza a deslizarse. 3. Mueve las piernas como si pedaleara. 4. Puede alcanzar objetos. 5. Salta activamente al estar de pie y apoyado.
40 semanas	1. Señala con el índice. 2. Come galleta sin ayuda y sostiene su propio biberón. 3. Alega si le quitan un juguete u objeto. 4. Dice mamá o papá indiscriminadamente. 5. Puede mantenerse de pie agarrándose de alguien o algo.
52 semanas	1. Puede caminar con ayuda de muebles. 2. Recoge con precisión un objeto pequeño, haciendo pinza. 3. Entrega el juguete al pedírselo de palabra o con un gesto. 4. Puede jugar con diversos objetos a la vez.

Hay que estimular al niño y ofrecerle todas las oportunidades para que desarrolle sus facultades motrices: mézalo, ejercítelo, juegue con él lo más posible. Pídale al pediatra que recomiende ejercicios apropiados para fortalecer la musculatura del pequeño. Ayúdelo a caminar y aliéntelo a tomar diversos objetos. Especialmente bajo su mirada atenta y protectora, déle espacio, libertad y apoyo para que experimente.

Desarrollo psicológico

El niño obtiene todo su conocimiento del mundo externo a través de los sentidos. Las impresiones sensoriales poco a poco son organizadas, integradas, diferenciadas y seleccionadas por el niño que evoluciona y madura. Empieza a integrar sus movimientos con sus procesos cognoscitivos. Así, vemos que de los tres a los seis meses empieza a tomar objetos voluntariamente y a llevárselos a la boca, balbucea y se deleita haciendo sonidos, le agrada ver el rostro humano, y si usted lo pone frente a un espejo sonreirá al mirar su propia imagen. Asimismo, busca los objetos que desaparecen de su campo visual. De los seis a los nueve meses el infante se interesa más en el ambiente y es capaz de reconocer los rostros de las personas que lo rodean y de explorar todo su cuerpo activamente.

Ante personas extrañas muestra algunas reacciones de ansiedad (por ejemplo, llanto), lo cual debe normalmente desaparecer entre los 12 y 15 meses. De los nueve a los 12 meses muestra inquietud y tal vez llora si su madre se separa momentáneamente de él; también empieza a mostrar cierta regularidad en su evacuación intestinal, entiende el significado de algunas palabras, y al doceavo mes es muy probable que articule sus primeras palabras (ma-má, pa-pá), momento realmente emotivo para los padres.

Es de vital importancia estimular todos los sentidos. Los móviles multicolores suspendidos arriba de la cuna, cuyos movimientos el niño puede percibir, son excelentes como estímulo visual; para un bebé son muy agradables todo tipo de sonajas, cascabeles, cajas de música, y sobre todo la voz humana: nada hay más estimulante y satisfactorio que sus padres le hablen tiernamente, lo arrullen, le canten, se rían con él. Acaricie usted a su niño, déle masajes suaves por todo el cuerpo; en fin, estimule todos sus sentidos.

Recuerde también que es importante nombrar personas y objetos claramente y por su nombre. Pídale al niño que ejecute alguna cosa simple, por ejemplo, "enséñame tu boca"; invente juegos sencillos, pídale que imite sonidos de animales, carros, motocicletas, etc. En general, enriquezca el ambiente del niño, de ese modo él se divertirá mucho y, adicionalmente, aprenderá.

DESARROLLO DE UNO A DOS AÑOS

Este periodo marca la transición a la siguiente etapa del desarrollo: el mundo psicosocial del niño cambia de manera drástica, tiene más independencia en sus movimientos, madura físicamente, aprende, desarrolla nuevas motivaciones y enfrenta las situaciones nuevas de manera distinta. Se intensifica también su proceso de socialización, es decir, el proceso mediante el cual su niño aprende a comportarse de acuerdo con ciertas normas sociales. Durante este periodo el proceso de socialización se centra en los aspectos de limpieza, control de la cólera y moderación en las tendencias exploratorias.

Desarrollo motriz

En este periodo el niño ya camina solo y explora activamente su medio. Toma objetos con facilidad y los tira, hace garabatos de manera espontánea, imita movimientos de otros y utiliza la cuchara, aunque al principio se le dificulte introducirla en la boca. También nos da a conocer sus deseos con gestos y señala objetos. En el cuadro 1.2 se ofrece información más detallada sobre su desarrollo motriz de los 15 meses a los dos años.

Cuando ha aprendido a caminar con desenvoltura, el paseo diario es un acontecimiento que el niño aprecia. Todo lo que hay fuera de casa es una sucesión constante de novedades y responde a las exigencias, que todo organismo infantil tiene, de aire, sol y movimiento para poder crecer bien. Lleve al niño de paseo con la mayor frecuencia posible; deje en casa la carriola. Sáquelo al campo para que respire aire puro y conozca poco a poco ritmos de vida diferentes al de todos los días.

Estimule a su hijo dándole juguetes que pueda manipular. Acérquele papel, pinturas, plastilina o masilla para que experimente con formas y colores. Muéstrele juegos simples para que vaya identificando las partes de su cuerpo. Enséñele a que se quite los calcetines y a que abotone y desabotone la camisa o la blusa. Premie calurosamente cada logro.

Cuadro 1.2. Desarrollo motriz de los 15 meses a los dos años.

Edad	*Desarrollo motriz*
15 meses	1. Marcha independientemente. 2. Sube escaleras llevado de la mano. 3. Comienza a insertar piezas. 4. Mete y saca de un recipiente seis cubos. 5. Puede agacharse y recoger un objeto. 6. Usa al menos una palabra.
18 meses	1. Corre. 2. Patea objetos. 3. Arroja una pelota al estar de pie. 4. Construye torres de tres y cuatro cubos. 5. Se alimenta solo aunque derrame parte del alimento. 6. Toma agua de un vaso.
2 años	1. Sube y baja escaleras solo. 2. Pasa de una en una las páginas de un libro. 3. Construye torres de seis y siete cubos. 4. Se pone y quita solo la ropa holgada. 5. Alimenta a una muñeca.

Desarrollo psicológico

Entre los grandes logros del niño durante este periodo se encuentra el desarrollo del lenguaje. El niño tiene necesidad del lenguaje no sólo para comunicarse con los demás, sino también para tomar posesión de la realidad y adaptarse mejor a ella. El niño comprende más de lo que es capaz de expresar verbalmente. Además de ser fuente de diversión, deleite y orgullo de los padres, la habilidad del lenguaje es crucial en su crecimiento cognoscitivo. Una vez que sabe el nombre de las cosas, puede reflexionar sobre las personas y objetos en su mundo y comunicar sus ideas, sentimientos y necesidades para ejercer control en su vida. Asegúrese de estimular este aspecto dirigiéndose a él correctamente (no en un supuesto "lenguaje infantil"), escuchándolo, pidiéndole que nombre distintos objetos, o bien, leyéndole textos que sean de su interés. El niño quedará complacido si usted lo lleva al zoológico y le muestra los animales, llamándolos por su nombre, hablándole de modo sencillo sobre costumbres y atributos de los mismos. Invente para su hijo cuentos fantásticos que contengan alguna enseñanza respecto de la relación de los animales con su medio y con los seres humanos. Empiece de inmediato a enseñarle el supremo respeto que todos los organismos vivos merecen. También llévelo cada que haya oportunidad a una función de teatro para niños, o al circo.

Edad en meses	*Desarrollo del lenguaje*
6	Cambia el arrullo por balbuceo, introduciendo algunas consonantes.
12	Comienza la imitación de sonidos. Se dan las primeras palabras para representar personas u objetos.
18	El niño tiene un repertorio de entre tres y 50 palabras. El niño ha hecho más progresos en su comprensión.
24	El vocabulario pasa de las 50 palabras.

El miedo a los desconocidos aparece en el niño durante esta etapa. Ello es normal y desaparecerá entre los 30 y los 35 meses.

Resulta evidente, pues, que esta es una etapa muy importante en la vida de su niño y es por esto que le hemos dado especial atención. Si bien es inexacto que la personalidad queda "determinada en los primeros años", sí es correcto afirmar que durante los primeros años se sientan las bases, los cimientos de la personalidad futura.

EL DESARROLLO DE LOS DOS A LOS CINCO AÑOS

Durante el periodo que va de los dos a los cinco años su hijo se desarrolla aceleradamente. Ya camina y corre con bastante aplomo, se orienta adecuadamente dentro y fuera de la casa, se muestra dispuesto a colaborar y a participar en las tareas de la casa, convive más con los mayores, conversa, opina, comenta y escucha las explicaciones que se le dan. Este desarrollo se ve favorecido por la presencia del padre, quien proporciona al niño las primeras nociones de independencia. Su memoria muestra un desarrollo progresivo, se afina su sentido del tiempo y del espacio, se amplía su vocabulario y se torna más explícito y exacto.

Desarrollo motriz

Mientras que el niño de dos años puede construir una torre de seis o siete cubos, el niño de tres años puede construir una de nueve o 10;

a esta edad puede subir y bajar escaleras alternando los pies, doblar un papel horizontal y verticalmente, caminar en línea recta y pararse en un pie. A los cuatro años es capaz de dibujar un círculo y una cruz, atrapar bien la pelota, saltar en un pie y doblar un papel diagonalmente. A los cinco años los movimientos del niño se diferencian aún más; a esta edad puede saltar, brincar y hacer toda suerte de ejercicios; también puede copiar un cuadrado, un triángulo y hacer un dibujo reconocible de alguna persona. Posee buena coordinación entre ojo y mano. Nunca olvide estimular esta importante área. Intente estructurar algunas actividades para ejercitar y fortalecer el desarrollo psicomotriz en este periodo, como cortar en líneas, copiar figuras, jugar con plastilina e insertar figuras.

Cuando los niños alcanzan el control de sus músculos finos, son capaces de atender sus necesidades, lo que los vuelve más independientes: pueden vestirse solos, comer solos, servirse leche e ir al baño, solos. A los dos y tres años habrá mostrado preferencia por el uso de una de sus manos, posiblemente la derecha; sólo uno de cada 10 niños es zurdo.

Desarrollo psicológico

El desarrollo cognoscitivo y el desarrollo del lenguaje están muy relacionados. El lenguaje se hace más adulto una vez que el niño pasa los tres años: ya usan plurales, tiempo pasado y saben la diferencia entre yo, tú y nosotros. Entre los cuatro y cinco años, las oraciones de los niños tienen un promedio de cuatro a cinco palabras y usan preposiciones. Entre los cinco y seis años empiezan a construir oraciones de seis a ocho palabras, pueden definir palabras simples y saben algunos antónimos, unen más conjunciones, preposiciones y artículos.

A medida que las habilidades verbales mejoran, el aprendizaje de su niño se irá controlando y regulando por medio de las palabras, las cuales se convierten en mediadoras del autoaprendizaje y la acción. Por esta razón, es de suma importancia que el niño se encuentre con un ambiente lingüístico estimulante, es decir, un ambiente donde se le hable con propiedad y existan variedad y novedad de palabras, donde se atienda y se tome en cuenta lo que él dice, en fin, donde reciba premios por sus conductas verbales y tenga buenos modelos lingüísticos. Un buen desarrollo verbal facilita y promueve el aprendizaje y el desarrollo del pensamiento. Asegúrese de estimular esta vital área.

Identificación

El proceso de identificación es de extraordinaria importancia durante este periodo. Gracias a él, un niño incorpora o absorbe de un modelo –generalmente los padres– patrones complejos de conducta, atributos personales, características y motivos. Cuando el modelo es adecuado, la identificación es fuente de seguridad para el niño, pues de esa manera éste adopta elementos de autocontrol, fuerza, capacidad y competencia. Si el modelo es inadecuado, producirá características opuestas. La identificación se facilita si el padre gratifica las necesidades del niño, si es protector (pero no sobreprotector) y tiene una relación estrecha y emocionalmente satisfactoria con el niño. Cuando el padre y la madre están atentos a las necesidades físicas y psicológicas del niño, y se muestran cálidos y afectuosos, entonces el niño se identificará con ambos, aunque idealmente será más fuerte la identificación del hijo con el padre del mismo sexo.

El centro preescolar o jardín infantil

El centro preescolar o jardín infantil es un centro con aulas donde los niños generalmente están toda la mañana con uno o varios maestros. Llevan un programa formal diseñado para preparar a los niños a la transición con éxito en la entrada a la educación formal con los grados primarios.

Los niños que asisten a este tipo de programas tendrán una leve ventaja inicial cuando comiencen el jardín de niños alrededor de los cinco años; pero esta diferencia desaparecerá con el tiempo. Los niños que son cuidados adecuadamente en la casa no tienen una gran necesidad para asistir a estos centros para desarrollarse; sin embargo, un lugar balanceado, estimulante, sin presiones y con actividades específicas para niños pequeños puede ser enriquecedor y emocionante para la mayoría de niños de dos a cinco años, al mismo tiempo que puede dar un respiro a los padres.

En un centro preescolar calificado se ofrece una variedad de experiencias muy enriquecedoras. Ayuda a los niños a desarrollar habilidades como: cooperar, tomar turnos, seguir instrucciones, tomar decisiones, interactuar en un grupo y ayudar en tareas específicas. Aunque lo académico no debería tener un papel primordial, un buen programa también toma en cuenta actividades para desarrollar habilidades cognoscitivas de una forma creativa, al mismo tiempo que se enfoca en la socialización de los niños.

En varios estudios se ha logrado concluir que la asistencia a un programa de intervención temprana facilita la transición de los infantes a un centro escolar formal, fomenta la asistencia al colegio y se ven efectos positivos en las conductas sociales de los niños, pero no existen efectos persistentes en el cociente intelectual de los infantes que asisten a dichos programas.

El motivo de logro

Si su hijo muestra deseos de enfrentar y resolver problemas adecuados para su edad, y trata de mejorar sus destrezas físicas e intelectuales, el niño tiene alta motivación hacia el logro. Los niños poseedores de tal motivación son generalmente más independientes, solicitan menos la ayuda física y emocional de adultos o compañeros de juego que los niños con baja motivación hacia el logro. Este motivo es muy estable en la vida, si aparece en un niño de edad preescolar, también lo percibiremos en su adolescencia y durante su vida adulta.

¿Cómo se desarrolla este motivo? Por regla general, las madres con alta motivación hacia el logro serán factor importante para que los hijos la posean, pues durante la edad preescolar ellas alientan y premian de manera consistente todo logro de sus hijos, incitándolos a desarrollar y ejercitar sus destrezas y habilidades. Estos niños son precisamente quienes destacarán en actividades intelectuales o deportivas y más tarde, al convertirse en adultos, demostrarán un profundo interés por los problemas de su sociedad. Por el contrario, las madres que sobreprotegen a sus hijos, que no los alientan a tomar sus propias decisiones, que no los estimulan cuando tratan de hacer cosas por su cuenta, y que, intentando "ayudar" al niño, coartan su iniciativa y su competencia, tendrán hijos con baja motivación hacia el logro.

Características del hogar y el desarrollo de la personalidad

Muchos rasgos de la personalidad del niño se desarrollan como consecuencia de su ambiente familiar. ¿Qué características del hogar fomentan los diferentes rasgos de personalidad?

Hogar democrático

Este tipo de hogar se caracteriza por ser moderadamente permisivo y porque los padres conversan de manera frecuente con el niño, explicándole claramente las reglas que debe observar. Tales reglas son elaboradas junto con el niño, quien participa en la toma de decisiones, al mismo tiempo que recibe respuestas para satisfacer su curiosidad. Las reglas deben ser racionales y funcionales, y existir consistencia al aplicarlas, todo ello sin escatimar, en ningún momento, la calidez y el apoyo emocional. Más que ordenar, se sugiere al niño lo que debe hacer.

Es probable que el niño proveniente de un hogar con estas características resulte activo, competitivo, sociable; y sea también emprendedor, sanamente desobediente, no conformista y curioso. Estas características suelen permanecer a lo largo de la vida del niño.

Hogar controlado

El hogar controlado es el polo opuesto del hogar democrático. En el hogar controlado se enfatizan las restricciones a la conducta del niño, las reglas son rígidas y arbitrarias y los padres no discuten con sus hijos los procedimientos disciplinarios. Las actitudes de los padres son autoritarias y de absoluto dominio.

Son altas las probabilidades de que los niños provenientes de este tipo de hogar sean callados, dóciles, sumisos y poco agresivos; demuestren poca desobediencia y tenacidad. En resumen, son niños que "se portan bien", pero también muestran poca originalidad, curiosidad y creatividad.

Aunque muchos hogares pueden ser ubicados en uno de estos dos polos, otros se ubican en un lugar intermedio. En última instancia, el tipo de patrón de crianza predominante estará determinado por los tipos de personalidad y conducta que la sociedad valora. Sin embargo, si somos capaces de mostrar a nuestros hijos que la vida está en constante evolución, si podemos sugerirles un modo de ver y vivir las cosas con realismo y optimismo, e inculcarles el deseo de mejorarlas, les habremos hecho un gran bien.

Hasta aquí se han revisado algunas generalidades del desarrollo del niño de dos a cinco años. Pasaremos ahora a la siguiente etapa: la niñez media.

LA NIÑEZ MEDIA

En el periodo de la niñez media, que va de los seis a los 12 años, el niño continúa desarrollándose físicamente y su pensamiento se torna más complejo y diferenciado. Estos son años de consolidación más que de innovación. Los niños progresan en cosas que ya han estado haciendo. Pueden tirar una pelota más lejos, corren más rápido y apuntan con más precisión. Al mismo tiempo su ambiente se amplía considerablemente debido a su formal ingreso a la escuela, lo cual trae consigo nuevos retos, problemas y oportunidades para su crecimiento social e intelectual. La personalidad del niño se enriquece y se diferencia aún más, emergiendo como un individuo único.

Desarrollo intelectual

Efectúe usted el siguiente experimento: vierta en dos vasos idénticos la misma cantidad de limonada. Pregunte a su hijo cuál de los dos vasos contiene más líquido. Si su niño tiene cinco, seis o siete años dirá que los dos vasos tienen la misma cantidad. Ahora, a la vista del niño, vierta toda la limonada de uno de los vasos en otro más alto y delgado. Pregunte a su niño cuál de los dos vasos tiene más. Si su niño tiene cinco años, probablemente afirme que el vaso alto tiene más limonada; si tiene seis años, no estará seguro, pero posiblemente diga también que el vaso alto contiene más; si tiene siete años sabrá que no hay diferencia alguna. Este experimento ilustra uno de los más notables logros del niño durante el periodo de la niñez media. Indica que sus interpretaciones de la experiencia están ahora más influidas por la lógica que por la apariencia inmediata.

Otro de los avances del niño en este periodo se ubica en lo que se refiere a sus representaciones cognoscitivas de una serie de acciones. Por ejemplo, un niño de cinco años puede aprender a caminar desde su casa hasta el parque infantil; sin embargo, es incapaz de trazar con lápiz y papel la ruta que siguió, y no puede hacerlo debido a que carece de una completa representación secuencial de las acciones que llevó a cabo. Un niño de siete u ocho años sí puede hacerlo porque ya adquirió una representación de la ruta.

En este periodo, el niño logra comprender expresiones del tipo de "más oscuro que...", "más grande que...", "más alto que..."; entiende que estos términos se refieren a dos o más objetos. Es capaz también de agrupar objetos en una dimensión de cantidad (tamaño, altura); puede, por ejemplo, ordenar ocho lápices de distinta longitud en una fila, del más grande al más pequeño. En pocas palabras, el niño desarrolla en esta etapa algunas aptitudes básicas y centrales que le permiten adaptarse a su cada vez más complejo medio ambiente.

Para estimular a su niño en esta etapa, usted puede inducirlo a que observe cosas nuevas, y luego escuchar la descripción de lo que ha encontrado y de las situaciones que ha vivido. Responda siempre con la verdad a todas las preguntas que el niño haga. Motívelo a consultar libros, despierte en él inquietudes de coleccionista, pídale que señale similitudes y diferencias entre varios objetos, y que le explique por qué algunos pertenecen a una clase determinada. No hay que olvidar la felicitación oportuna en todos los avances del niño; es importante.

Autoestima y relación con los padres

En contraste, el niño con autoestima desfavorable o negativa carece de confianza en sí mismo, por eso evita expresar sus ideas u opiniones por temor a decir algo que cause desaprobación o rechazo, de allí que en un grupo sea callado y retraído. Adopta actitudes defensivas y su tendencia a la autocondenación lo lleva a sentirse culpable, avergonzado, desvalido o inferior. Un niño con autoestima baja limita su interacción social, con lo que reduce sus posibilidades de establecer relaciones sociales amistosas y de apoyo con niños y adultos. No es sorprendente, entonces, que este niño tienda a la depresión y posea una imagen corporal negativa.

La niñez media es muy importante para el desarrollo de la autoestima. La opinión de los niños acerca de ellos mismos tiene un tremendo impacto en el desarrollo de su personalidad. Aquí los niños juzgan qué tan bien alcanzan los estándares sociales y las expectativas que tienen en su autoconcepto.

¿Qué características y patrones de conducta podemos distinguir en los padres de niños con baja o alta autoestima? En general, como en el caso del motivo hacia el logro, los niños con autoestima alta tienen padres que también poseen una autoestima favorable. Estos padres, en contraste con los padres de niños con baja autoestima, son emocionalmente más estables, optimistas y constantes. Tienen perspectivas altas para sus hijos y actúan como modelos adecuados, dando a sus hijos ejemplo, motivación y apoyo de manera constante y consistente. Al disciplinar a sus hijos se basan más en la recompensa que en el castigo, además de establecer reglas claras y consistentes.

Por su parte, los padres de niños con baja autoestima tienden a desvalorizar y criticar al niño, a verlo y tratarlo como si fuera una carga; de ese modo, las respuestas emocionales hacia sus hijos van desde la hostilidad hasta la indiferencia. Para disciplinar al niño generalmente utilizan el castigo corporal, acompañándolo con gritos y otras actitudes emocionales intensas. El castigo se aplica de manera inconsistente; por ejemplo, la negativa a comer las espinacas unas veces se castiga y otras no. Junto a esta inconsistencia encontramos patrones de crianza autocráticos y excesivas dosis de control.

Parece ser que los patrones de crianza que fomentan rasgos de personalidad positivos, también fomentan una alta autoestima en los niños; dado que constituye un factor tan importante para el saludable desarrollo psicológico del niño, es indispensable que los padres adopten las medidas necesarias para elevar la autoestima en sus hijos.

Relaciones con los coetáneos

Al empezar la escuela, la influencia de los coetáneos (niños de su misma edad, los iguales) sobre la conducta y el desarrollo del niño se hace notoria. Esto sucede porque el niño desea encajar en su mundo social, ser aceptado, respetado por sus iguales; es ya un individuo social. El grupo de iguales –también llamado grupo de referencia– proporciona a su hijo oportunidades de aprender a relacionarse con niños de su misma edad, cómo manejar la hostilidad y la dominación, cómo relacionarse con el líder, o cómo dirigir. En charlas con sus coetáneos, el niño descubre que otros niños comparten sus preocupaciones, problemas, sentimientos e ideas. Además, el grupo de referencia ayuda al niño a desarrollar su autoconcepto. Las formas en que los iguales reaccionen hacia él y las bases sobre las cuales es aceptado o rechazado le aclararán más sus puntos fuertes y débiles. Por eso el grupo de coétaneos viene a ser central; sin embargo, las relaciones con los padres continúan siendo lo más importante en la vida de los niños.

Un grupo de referencia posee su propia organización social, su propia estructura y su propia historia, y se torna más estructurado y complejo a medida que sus miembros van creciendo. En los grupos de niños de cinco o seis años por ejemplo, un niño puede jugar –o pelear– tanto con niños como con niñas. A los siete u ocho años, los niños se inclinan por asociarse con coetáneos del mismo sexo, y ahora les gusta molestar a las niñas en vez de jugar con ellas; se avergüenzan si se les sorprende solos con un grupo de éstas. De los nueve a los 11 años hay una considerable ansiedad por asociarse con niñas o el mostrarles algún interés. En el caso de las niñas de nueve a 12 años, sin embargo, empieza ya a haber cierto interés (en algunas de ellas) por niños un poco mayores. Los niños se ven más involucrados en actividades del grupo de referencia que las niñas, quienes en general se mantienen un tanto más ligadas a los padres.

Las relaciones con los coetáneos pueden ser también fuente de conflicto. A veces el grupo de referencia fomenta conductas que se oponen a las conductas valoradas por los padres. La resolución del problema dependerá de la fuerza de cada uno de los elementos en pugna: aceptación de los iguales *vs.* aceptación de los padres; conflictos de este tipo se acentúan durante la adolescencia. La transición de la vida centrada en la familia a la participación en el grupo de referencia puede generar ansiedad en el niño. En efecto, mientras que en el hogar encuentra un espacio seguro, en el campo de juego el niño debe ganarse el respeto de sus coetáneos gracias a su competencia, habilidad, destreza y amistad. El fallar en esta tarea puede significar el rechazo, el ridículo, la humillación.

¿Que determina la aceptación, la indiferencia o el rechazo de un niño por parte de otros niños? En general, el niño popular entre sus coetáneos muestra dotes de liderazgo, es entusiasta y participa con decisión en las actividades del grupo. Un niño alegre, amigable, bien parecido, seguro de sí mismo, extravertido, inteligente y creativo será no sólo aceptado, sino también tendrá una posición prominente dentro del grupo de referencia. Por el contrario, un niño ansioso, inseguro, indiferente a las actividades del grupo; que se aísla, y es hostil, demasiado agresivo o defensivo, tendrá una posición baja en su grupo de referencia, y puede, incluso, ser rechazado. Es fácil notar que entre las características de un niño criado en un hogar democrático, los patrones de crianza que fomentan la necesidad de logro, la autoestima elevada y la aceptación en el grupo de referencia existe una relación estrecha.

Para concluir, resumiremos algunas de las condiciones necesarias para promover el óptimo desarrollo del niño. No se pretende que esta lista sea completa o constituya la respuesta final al problema de la crianza; pero sí se considera que el reconocer y enfatizar estos factores es un paso importante para lograr la felicidad y la buena adaptación emocional del niño:

1. El niño necesita un ambiente que promueva su salud y su crecimiento óptimos: nutrición adecuada, periodos de descanso y esparcimiento, protección contra enfermedades y lesiones físicas.
2. Un ambiente que facilite y estimule la adquisición de habilidades y destrezas motrices, perceptuales, intelectuales y sociales. Abundantes oportunidades de aprendizaje una vez que el niño posea madurez y experiencia suficientes: estimulación social, oportunidad de equivocarse y aprender de los errores.
3. Necesita sentirse seguro de pertenecer a la familia y al grupo social. Necesita no sólo amor sino también una guía consistente, ya que si se le permite hacer lo que quiere y cuando quiere, puede sentir que los adultos se preocupan muy poco por él, y desarrollar un sentimiento de inseguridad.
4. Necesita libertad para expresar y mostrar su individualidad, para usar su imaginación, para experimentar, para la actividad autodirigida. Recordemos que guiar no significa planear o dirigir constantemente. Permitirle que se exprese suele llevarlo a encontrar sus propias capacidades.
5. Necesita conocer al mundo tal cual es y aprender a adaptarse para vivir en él. Esto quiere decir competencia y seguridad para enfrentarse a la realidad, lo cual no significa aceptación total y acrítica de las fuerzas ambientales.
6. Necesita experimentar el éxito tanto en cosas importantes como en cosas triviales. Necesita aliento y apoyo. Y lo más importante: la alabanza debe ser siempre auténtica, real y adecuada a la tarea realizada. El falso halago raras veces convence al niño.

BIBLIOGRAFÍA RECOMENDADA

American Academy of Pediatrics (2009). *Caring for your baby and young child*, 5th Edition: Birth to Age 5. Nueva York: Bantam.

Feldman, R. (2009). *Child development*. Nueva York: Prentice-Hall.

Lefrancois, G. (2004). *Una introducción al desarrollo del niño*. México: Fondo de Cultura Económica.

Murkoff, H. (2003). *What to expect the first year*. Nueva York: Workman.

____ (2009). *What to expect the Toddlers Years*. Nueva York: Simon and Schuster.

Scaefer, C. (2009). *Ages and stages. A parent's guide to normal childhood development*. Nueva York: Wiley.

2

Cómo ayudar al niño que tarda en caminar

Ximena Borda Requena

Desde su nacimiento, el niño adquiere una serie de habilidades que lo ayudan a adaptarse a las exigencias de su ambiente. Los primeros cinco años de vida se caracterizan por el surgimiento de una gran variedad de movimientos, unos sutiles y otros bruscos.

La velocidad con que se perfeccionan las habilidades de movimiento en el niño depende en gran medida de la capacidad del organismo para anticipar las respuestas que se le exigen, mediante ajustes de postura adecuados. El niño recién nacido, por ejemplo, no posee las curvaturas de la columna vertebral que lo ayudan a sostener la cabeza; dicha habilidad se adquiere a los dos o tres meses de vida, cuando va tomando forma la primera curva de la columna vertebral a la altura del cuello. Esta curvatura favorece el equilibrio de la cabeza, y su formación depende de los movimientos que haya realizado el niño hasta entonces. Desde esta edad hasta los seis meses se desarrolla en el niño una nueva curva a nivel de la cintura, y de los seis meses en adelante la columna va adquiriendo su curva final a la altura de las últimas secciones de la columna vertebral. Dichas modificaciones en la postura del cuerpo no sólo permiten al niño mayor libertad de movimiento en situaciones nuevas, sino que constituyen una preparación fundamental para el desarrollo de habilidades más complejas.

LA ORGANIZACIÓN DE LOS MOVIMIENTOS

Este trabajo va dirigido a las personas interesadas en la estimulación del niño que tarda en caminar. Es importante señalar que el niño adquiere paulatinamente varias habilidades de movimiento antes de caminar. Como se sabe, los primeros años de la niñez consisten en periodos de integración y estabilización de los modos básicos de conducta, los cuales son fundamentales para el desarrollo de actividades más complejas.

Todos los tipos de movimiento exigen que el organismo se adapte a las condiciones del ambiente, y constituyen en realidad formas y actividades de postura. En este sentido, la locomoción es esencialmente una serie de adecuaciones sucesivas de posturas; y es totalmente natural que una actividad realizada por el niño llegue a un punto en donde ya no se aprecien progresos inmediatos. Dicho de otro modo, los padres que a diario ven al niño pueden no darse cuenta de su desarrollo. En estos casos, y aun en periodos de rápido progreso, el niño puede retroceder a una forma primitiva de conducta con el propósito de adquirir mayor equilibrio y seguridad en la realización de ciertos movimientos. Por ejemplo, es frecuente observar que los niños que se caen o se golpean cuando empiezan a caminar, acuden rápidamente al gateo, pues en él encuentran una forma más segura de movilizarse.

La primera etapa para que un bebé pueda sentarse y más tarde caminar consiste en dominar los músculos de la cabeza y del cuello, hasta que ésta no sólo pueda mantenerse erguida, sino que también ayude al equilibrio del cuerpo en todos sus movimientos. Los primeros progresos observables de esta etapa –el niño logra sostener la cabeza– se manifiestan en la posición acostada. La organización del sistema nervioso avanza de la cabeza al tronco y del tronco a los pies; de tal modo que el niño a los siete meses es capaz de erguir el tronco momentáneamente; a los nueve meses lo yergue por periodos indefinidos; a los 10 conserva el equilibrio; a los 11 se acuesta y cambia de posición –se sienta– por sí solo; y a los 12, el niño logra pararse –apoyándose en algo– y sentarse alternativamente; si se le ha facilitado el aprendizaje, es probable que camine correctamente a esta edad.

La posición sentada es intermedia entre la acostada y la de pie; cuando el niño consigue pasar de la posición acostada a la sentada, prácticamente se halla listo para soportar el peso de su cuerpo; sin embargo, la falta de madurez y de coordinación en los movimientos de tronco y piernas le impiden pararse solo.

A los dos meses y medio, si se le sostiene de tal manera que parece que estuviera caminando, después de algunos meses irá adquiriendo un mayor control de la postura y será capaz de soportar el peso de su cuerpo durante breves momentos. Si a los nueve meses se sostiene al niño por las axilas, se observará que resiste el peso de su cuerpo sobre los dedos de sus pies. A esta edad, el niño tiende a doblarse hacia adelante a la altura de la articulación de la cadera. Es importante señalar que para que el niño se incorpore –posición de pie–, debe extender con firmeza las rodillas antes de que extienda completamente las piernas a la altura de la cadera.

El gateo se inicia más o menos a los nueve meses; que es cuando el niño logra coordinar los movimientos de brazos y piernas; entre los 10 y 12 meses aprende a equilibrar su cuerpo y es capaz de ponerse de pie sirviéndose de algún punto de apoyo. Si bien el gateo es una forma bastante aproximada al caminar en dos pies, esta es una habilidad que se consigue desde antes del año hasta los 18 meses; es decir que la adquisición de la marcha varía de un niño a otro, pues *no existe una edad determinada para la sincronización de los movimientos*; el niño requiere condiciones corporales apropiadas para responder a los estímulos que recibe; varios de los movimientos se realizan en respuesta a estímulos de músculos, tendones y articulaciones.

Así, paulatinamente, la marcha va remplazando al gateo como medio de locomoción; pese a las dificultades que ello le trae, el niño siente una imperiosa necesidad que lo lleva a adaptarse a la posición erguida, imitando la forma de locomoción de las personas mayores. Cuando logra caminar solo, e ir de un lado a otro, el niño experimenta muchísimas satisfacciones.

¿POR QUÉ MI NIÑO TARDA EN CAMINAR?

Esta pregunta se la hacen algunos padres cuando comparan a su niño con otros, o cuando personas allegadas comentan que el hermanito u otro niño conocido caminó al año. En este punto es preciso recordar que existe variabilidad en la adquisición de habilidades de movimiento, mismas que dependen de la maduración; y ésta, a su vez, depende de la estimulación y motivación. Todo ello hace que un niño camine antes y otros después de lo esperado.

Generalmente, los padres prestan atención a la falta de movimiento, y en algunos casos ésta es interpretada como signo de tranquilidad:

"es un niño muy tranquilo, no molesta"; "mi niño es muy bueno, toma su leche y se duerme". No se debe olvidar que el movimiento es un índice de desarrollo y salud. La tranquilidad excesiva es un signo que debe inquietar a los padres, porque algo podría estar obstaculizando el desarrollo natural de las habilidades motoras de su hijo.

A continuación se presentan algunas preguntas que lo orientarán y le servirán de ayuda para estimular a su niño de 11 a 18 meses en la adquisición de habilidades motrices. Responda con toda franqueza.

Grupo I. Evalúe el desarrollo motriz de su niño.

¿Sostiene la cabeza con firmeza?
¿Agarra objetos y los manipula alternadamente con ambas manos?
¿Se puede sentar con ayuda?
¿Se puede sentar solo?
¿Puede cambiar de posición con o sin ayuda? ¿Puede gatear?
¿Puede ir de un lado a otro en posición sentada?
¿Puede pararse con ayuda?

Grupo II (A). Evalúe la estimulación que recibe el niño.

¿Deja usted que el niño disfrute de sus propios movimientos de brazos y piernas durante el baño diario?
¿Juega usted con él?
¿Lo estimula diariamente para que se mueva, dándole juguetes de diversos colores, instándolo a que los alcance si se encuentran alejados, etc.?
¿Gatea usted con el niño en el suelo y le presta atención por lo menos durante 10 minutos diarios? ¿Coloca usted a su niño en una andadera (araña) al menos durante 15 minutos diarios?

Grupo II (B). Recuerde el ambiente que tuvo o tiene el niño para movilizarse.

¿Envuelve –o envolvía– usted a su niño de manera tal que no pudiera patalear o mover las piernas libremente?
¿Juega –o jugaba– el niño en un corralito o en una alfombra?
¿Permanece el niño todo el día en su cuna?

¿Una niñera es quien cuida al niño la mayor parte del tiempo? De ser así, ¿cómo lo cuida?, ¿qué hace?

Grupo III. Su niño dio los primeros pasos y después no quiso caminar: averigüe qué ocurrió.

¿Se cayó su niño y usted se asustó mucho?
¿Se cayó el niño y él se asustó mucho?
¿El espacio que tiene para caminar es muy pequeño y existen muchos muebles que dificultan su marcha?
¿Existen muchos peligros en el camino, que obligan a cuidarlo constantemente y a no dejarlo caminar solo?
¿Es frecuente que usted diga a su niño: "¡cuidado y te caigas!", "no vayas, está el coco" o algo parecido?
¿Usted, o alguien cercano al niño, lo cuida mucho y teme que se caiga y se lastime?

En el caso de que responda negativamente tres o más preguntas del grupo I (el niño no realiza esta actividad: el niño no sostiene la cabeza o no se sienta solo) consulte a un pediatra para que sea él quien le oriente respecto del tratamiento adecuado que debe recibir su niño. No se asuste ni se preocupe demasiado, pues existen tratamientos que ayudan a recuperar la fuerza y el tono muscular mediante la intervención oportuna de un fisioterapeuta, el cual deberá seguir las prescripciones del médico. Asimismo, se recomienda ver a un psicólogo que le oriente respecto de la mejor forma de estimular al niño. No lo descuide; tenga presente que de la rapidez con que se inicie el tratamiento depende la recuperación del niño.

Las preguntas del grupo II (A) y (B) están relacionadas con el tipo de estimulación que recibe el niño. Si se comparten las actividades de movimiento del niño, el resultado será que éste tome conciencia de ellas, las repita y le sean agradables.

PROGRAMAS GENERALES

Los programas A y B están destinados a ayudar a niños de 12 a 18 meses de edad con problemas para aprender a caminar debido a la falta de estimulación.

Observación inicial. Para aplicar estos programas, usted debió haber respondido negativamente a dos o más preguntas del grupo II (A) y positivamente a una de las preguntas del grupo II (B).

Programa A. Estimulación durante el baño

Si es posible, bañe a su niño todas las noches antes de acostarlo. A esta edad el niño ya puede permanecer sentado en la bañera y usted debe buscar que el baño sea una actividad placentera, como un juego. Para lograr este objetivo, coloque juguetes pequeños en la bañera de tal manera que el niño los alcance, los mueva y golpee con ellos el agua; luego sosténgalo por la espalda para que mueva los pies. Existen muchos niños que tienen miedo al agua. No lo obligue, convénzalo paulatinamente. Primero haga que se moje los pies mientras lo sostiene por las axilas, elévelo y póngalo otra vez en el agua; repita la operación suave y rítmicamente; usted puede cantar o tararear alguna canción infantil al realizar este juego. Después podrá sentar al niño en la bañera y motivarlo a que agarre los juguetes allí colocados. Si el niño llora o grita cuando se le moja la cabeza, deténgase, no dé mayor importancia al hecho, pero deje pasar uno o dos días, hasta que el niño experimente el baño como algo placentero y agradable.

Es importante que el agua tenga una temperatura templada; para comprobarlo, doble su brazo y meta el codo cuando la bañera esté llena. Si siente que el agua está agradable, que no quema ni tampoco está fría, entonces el baño de su niño está listo.

El juego y la atención que usted brinde a su niño ayudarán a eliminar el llanto en caso de que se presente. Si esto ocurre, quédese callado, no le diga nada, báñelo rápidamente y sáquelo del agua, o bien distráigalo con los juguetes. Si el niño juega, se alegrará y se mostrará dispuesto al baño; juegue con él, sonríale, y dígale palabras suaves y agradables, como: "qué agüita más rica" o "uno, dos, tres, ¡adentro!". Saque al niño cuando esté riendo y vístalo.

Anote usted en el cuadro 2.1 cómo se comporta el niño durante su baño diario, así podrá observar la manera en que va aprendiendo a disfrutarlo, desarrollando de paso ciertos movimientos en el agua. El objetivo es lograr que el niño disfrute de su baño como de un juego y disminuyan los gritos y llanto que crean una situación tal, que el niño no logra realizar movimientos coordinados, sino tensos y de huida, lo cual, a la larga, produce miedo y rechazo al baño diario. Por el contrario, si disfruta del baño, el niño aprenderá (con un poco de estimulación y ayuda) a patalear, a mover los brazos en el agua y a coordinar diversos movimientos de pies y manos.

Si su niño ya juega y coordina movimientos en el baño, pase al programa B.

Cuadro 2.1. Registro de conductas del niño en el baño diario.

Baño diario	**Sesiones**												
Conductas	1	2	3	4	5	6	7	8	9	10	11	12	13
Moja los pies en el agua													
Se sienta en la bañera													
Llora													
Patalea o mueve los pies													
Juega mientras le cantan													
Mueve los brazos y manipula los juguetes													

Programa B. Movimientos que el niño debe realizar diariamente durante 30 minutos

Acueste al niño y estimúlelo para que doble y estire las piernas rítmicamente; sujételo suavemente de los pies (fig. 2.1, posiciones *a* y *b*). Luego, tómelo de las manos y siéntelo (posición *c*), flexiónele las rodillas sosteniéndolo por los pies; usted deberá acompañar al niño prestándole atención y cantando alguna canción infantil a medida que el niño vaya haciendo sus ejercicios. Por ejemplo, cante: "En el puente de Aviñón todos cantan, todos bailan, en el puente de Aviñón todos bailan yo también; hacen así, así los saltarines, hacen así, así me gusta a mí..."

Se recomienda realizar estos ejercicios sobre una alfombra, retirando algunos muebles, si es necesario, para lograr mayor espacio. Una cama o algún otro mueble también pueden servir.

El siguiente ejercicio deberá realizarlo usted con el niño. Póngase boca abajo, frente al niño; doble los codos y apóyese en ellos, luego

a)

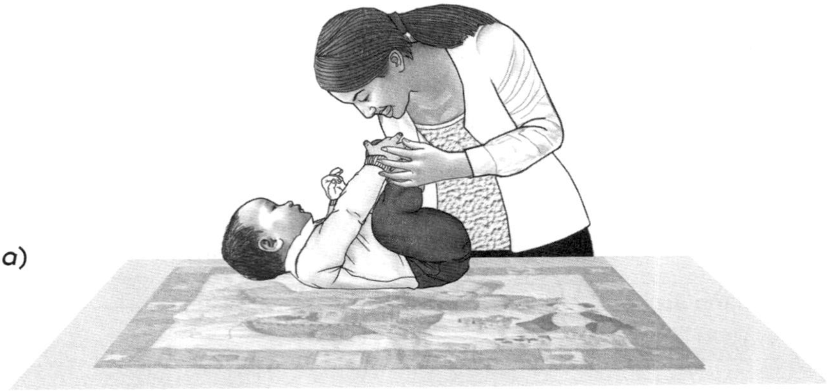

b)

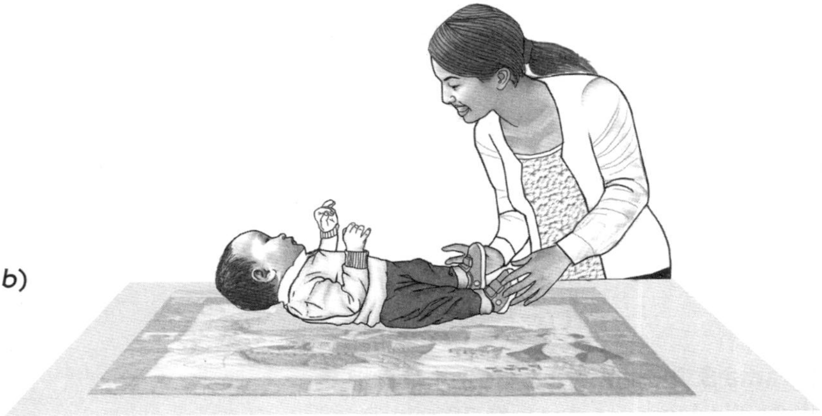

c)

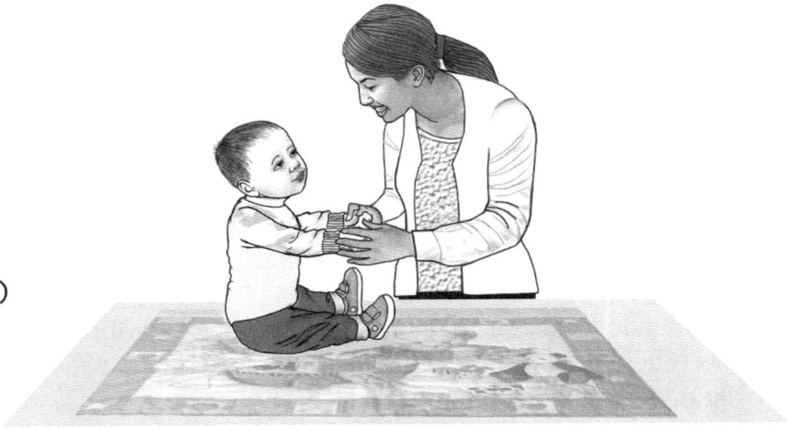

Fig. 2.1

lleve las rodillas a la altura de las caderas hasta quedar en posición de gateo. Para realizar este ejercicio diga a su niño: "ahora vamos a jugar a los perritos"; si es necesario, ladre para que el niño fantasee y ponga más empeño en la realización de este ejercicio. No lo obligue, déjelo que lo siga libremente, tampoco es necesario que el niño imite sus movimientos con exactitud, lo que se busca es que el niño pase de la posición acostada a la posición de gateo. La secuencia del presente ejercicio se indica en la figura 2.2.

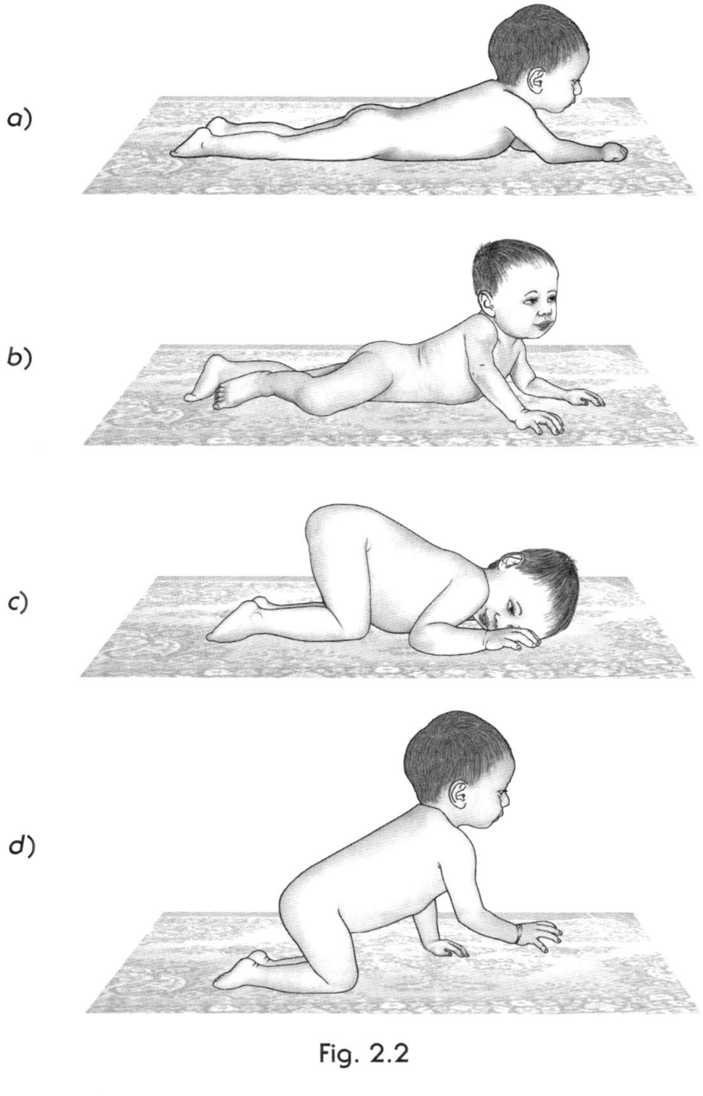

Fig. 2.2

Si esto no es suficiente, ayude al niño para que se le facilite el ejercicio (y así le guste más).

Después de que su niño se coloque en la posición de gateo, haga una torre con cubos de diferentes colores y póngalos a unos tres pasos de distancia del niño, luego incítelo a que gatee con usted hasta llegar a los cubos. Jueguen carreras y gánele alguna vez para que la competencia lo estimule y trate de llegar primero. Cuando el niño alcance los cubos, repita la operación, situando la torre gradualmente a mayor distancia. No olvide que es muy importante festejar los logros de su niño. En caso de que no alcance los cubos dígale: "¡vamos!", "anímate, puedes hacerlo!" e intente realizar el ejercicio nuevamente (fig. 2.3).

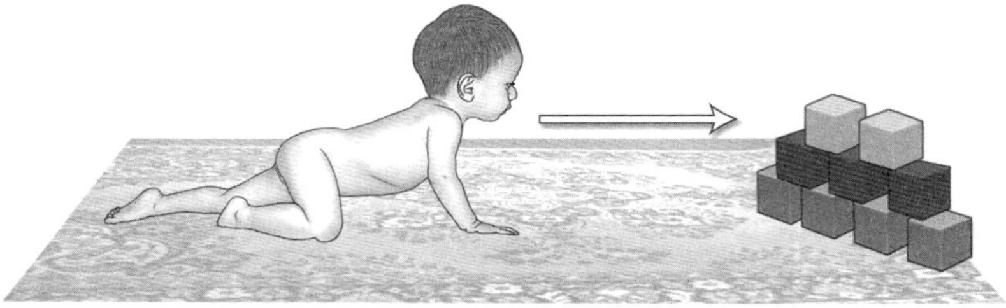

Fig. 2.3

Realice después algunos ejercicios en la posición de pie. Tome a su niño por las axilas y estimúlelo a dar algunos pasos, sosténgalo firmemente para que adquiera confianza (fig. 2.4*a*). Luego póngalo en un corral y haga que se pare apoyándose en el barandal (fig. 2.4*b*).

Haga una torre con dados fuera del corralito para que el niño trate de alcanzarlos; cuando derribe la torre constrúyala en otro lugar, con el fin de que camine apoyándose en el corral hasta llegar a los cubos (usted deberá considerar si es conveniente hacer la torre de cubos dentro o fuera del corral, para que el niño tenga mayor seguridad). La distancia entre los cubos y el niño deberá aumentar poco a poco, elevándose así el número de pasos necesarios para alcanzarlos. En caso de que no exista corral, haga que el niño avance sosteniéndose de un sillón o de alguna silla que no resbale.

Lograr que el niño adquiera tanto agilidad y soltura como equilibrio en los movimientos puede tomarle uno o dos meses, quizá menos. No se preocupe si tarda y continúe con esta serie de ejercicios. Es muy posible que el niño, por sí solo, se suelte de la silla y empiece a dar

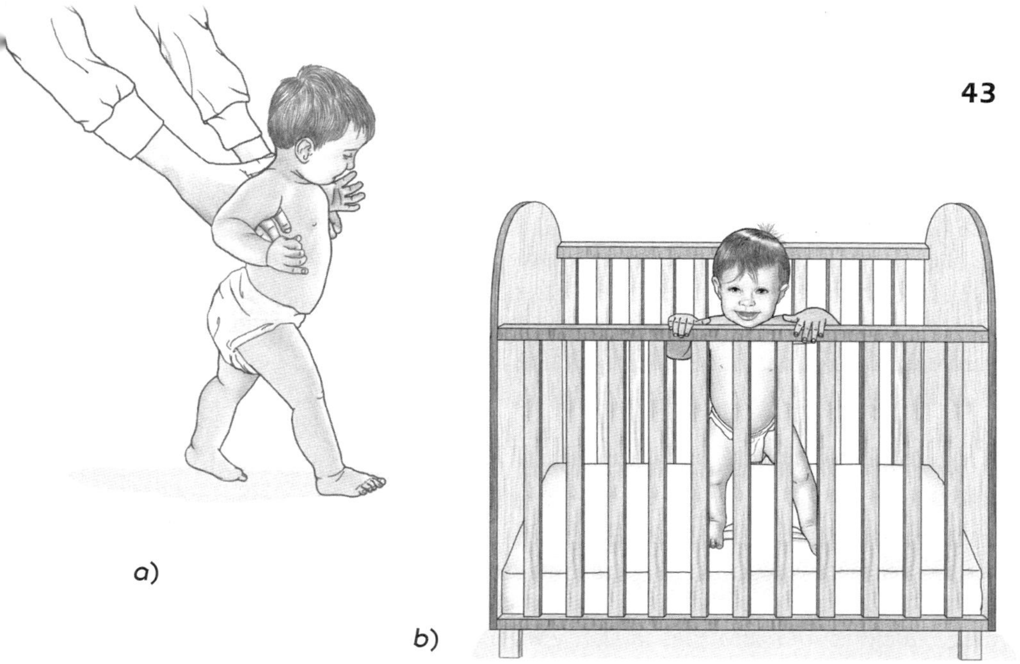

a)

b)

Fig. 2.4

sus primeros pasos, o que se agarre de su mano y camine apoyado en ella; no trate de apresurarlo para que camine: él tiene su propio ritmo de desarrollo, y presionarlo sólo le traería tensión, y la tensión se convierte en miedo, lo cual dificultaría más la marcha libre. En caso de que su niño no haya dado algunos pasos solo o apoyado de su mano, continúe con el siguiente programa. Si ya lo hizo eficientemente, pase directamente al programa D.

Programa C. Moldeamiento de la marcha libre

Usted ya vio que su niño camina si se sostiene de algo firme y seguro, como su corral, algunos muebles, o su mano. Ahora, fíjese qué alimento o golosina prefiere: leche, yoghurt, gelatina, helado, galletitas o cualquier otro alimento. Es muy importante que observe si el niño se alegra cuando ve el alimento; debe ser algo muy especial para el niño. De ello se obtendrá un valioso elemento para hacer que la presentación de una de las conductas del niño (caminar) sea más frecuente y más agradable. Esto se logrará si se le entrega como premio la golosina de su preferencia, inmediatamente después de que camine.

Si el niño prefiere yoghurt, usted deberá colocar un vasito que contenga dicho alimento, y una cucharita (por ejemplo, sobre una silla) a unos cinco pasos de distancia del niño. Tómelo de la mano y llévelo caminando a donde se halla el vaso. Al llegar, déle una cucharadita de yoghurt, luego aléjense ambos, jugando y riendo, a mayor distancia. Puede caminar con él tomado de la mano. Al volver a la silla, déle otra cucharadita. Puede usted decirle a su niño: "ahora nos escapamos" o "corre, corre" para estimularlo a alejarse del sitio cada vez más; siempre sosteniéndolo con la mano, llévelo hasta donde se encuentra el alimento y déle otra dosis. Ahora, usted debe alejarse mucho más, si es posible vaya a un cuarto contiguo, y haga que el niño camine desde allí tomado de su mano, hasta llegar al vaso, momento en que recibirá su ración.

Una vez que el niño cumpla cuatro ensayos tomado de su mano, haga que se sostenga de otra silla y muéstrele la del yoghurt; póngasela muy cerca para que, prácticamente sin soltarse, pase de una silla a otra. Llámelo y anímelo a acercarse y cuando llegue, déle otra cucharadita; luego, aleje un poquito más la silla y anime al niño a que acuda por su dosis de alimento. Así, paulatinamente, usted irá alejando cada vez más la silla para que él dé un mayor número de pasos; recuerde que la distancia entre la silla y el niño deberá aumentar gradualmente, de acuerdo con la seguridad que usted note en los pasos de éste, pues no conviene que se caiga o se asuste (ello haría que su hijo retroceda o tarde más en avanzar). Si nota al niño inseguro, entonces mantenga la silla a la misma distancia y continúe con el entrenamiento, hasta que adquiera equilibrio y seguridad. A continuación aparece el registro (cuadro 2.2) que usted deberá llevar en la realización de este entrenamiento diario (y que deberá tener una duración aproximada de 30 minutos).

Cuadro 2.2. Registro de moldeamiento de marcha libre.

Número de pasos	*Días*												
	1	2	3	4	5	6	7	8	9	10	11	12	13
De la mano de la madre													
Solo													
Número de caídas													

Usted deberá anotar diariamente en el cuadro el número de pasos dados por su niño, así como el número de caídas diarias que haya tenido en la sesión. Es muy importante saber que el yoghurt (o el alimento) debe ser suministrado en pequeñas cantidades. Como máximo se utilizará un vasito en los 30 minutos; de lo contrario, el alimento pierde su efecto motivador. No olvide utilizar el alimento que más le guste al niño: galletas, helado, etc., o una combinación de varios.

PROGRAMAS PARA EXPERIENCIAS TRAUMÁTICAS

Observación inicial. Para aplicar los programas que se presentan a continuación, usted debió haber respondido afirmativamente por lo menos dos de las preguntas del grupo III.

Programa D. Disposición ambiental

Piense en la importancia que tiene el espacio en la realización de cualquier actividad. Por ejemplo, si usted va a ir de paseo pero le informan que debido a las lluvias el camino se encuentra en mal estado, es muy probable que postergue su viaje hasta que mejoren las condiciones del camino. Si usted va a escalar montañas, procurará el sendero más accesible y seguro. Algo similar le sucede al niño cuando aprende a caminar: si en su camino encuentra muchos muebles de esquinas puntiagudas que lo lastiman cuando cae o que le dificultan la marcha, tendrá miedo de caminar. Si este es el caso, posiblemente el niño se movilice gateando, o camine sosteniéndose de algo o de alguien, por ser medios de locomoción más seguros que la marcha libre. Usted puede ayudar a su niño haciéndole más accesible el espacio en donde caminará; para ello, retire cualquier mueble u objeto que se encuentre en el centro de la habitación, recorriéndolos hacia la pared, de manera que el niño tenga el mayor campo libre posible y haya menos objetos que lo lastimen al caer o al pasar. Pero lo contrario también puede ser válido: si el espacio donde se pretende que el niño camine es demasiado amplio y/o vacío, éste no tendrá dónde apoyarse de ser necesario. En ese caso, ponga algunas sillas cercanas entre sí.

De igual manera, si su niño se encuentra en un segundo piso, evite caídas poniendo algún objeto que impida el acceso a las escaleras. De hecho, las caídas son parte inevitable del proceso de aprender a caminar. Si usted ve que su niño cae en la alfombra, no grite ni corra asustado a ver qué le pasó; deje que él se pare e inicie nuevamente su marcha, ya que en muchas ocasiones el niño llora sólo cuando usted se asoma, grita o corre hacia él. En tales casos es usted quien lo alarma. No olvide que esto es muy importante. Lógicamente, cuando el golpe de su niño es fuerte, hay que acudir a él y atenderlo. Recuerde que si la caída es de consideración, deberá llamar a su médico, de manera especial si el niño presenta cualquiera de los siguientes síntomas (después de la caída o en el lapso de 24 horas):

a) Tiene vómitos.
b) Se desmaya.
c) Se muestra aletargado y somnoliento.

Recuerde que una caída le produce al niño una serie de miedos que pueden llevarlo a adoptar una forma de movilización regresiva que le dé mayor seguridad (como el gateo). Deje que el niño supere este miedo, ayúdelo y no lo obligue a caminar contra su voluntad, porque el miedo aumentará y tardará más tiempo en caminar solo. Si el miedo es excesivo, debe consultar a un psicólogo para que le ayude a resolver el problema de manera efectiva (véase cap. 4).

Programa E. Aprender a caer

Existe una serie de ejercicios consistentes en apoyar en el piso correctamente las manos, que pueden ayudar a caer mejor a su niño; con ellos evitará que el niño se lastime (especialmente la cara). Los ejercicios son los siguientes:

1. Rotaciones o rolos. En un espacio libre (puede ser en una alfombra o en el césped), acuéstese al lado de su niño y jueguen a dar rolos (vueltas), pasando de la posición acostada de estómago a la posición acostada de espaldas (fig. 2.5).

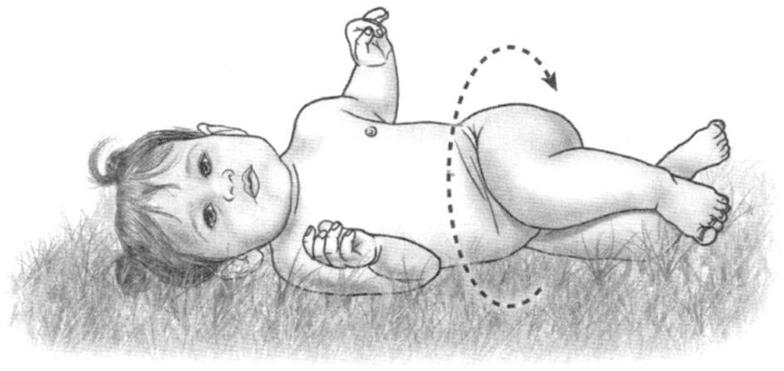

Fig. 2.5

2. Gateo con obstáculos. Haga que su niño suba escaleras gateando, vaya tras él en la misma posición. Evite que el niño lo siga, porque entonces no podrá usted vigilarlo y cuidarlo mejor; este movimiento sólo incluye subir escaleras, no bajarlas. Los ejercicios 1 y 2 ayudarán a que el niño tenga mayor dominio sobre sus movimientos y no tema los cambios bruscos de posición; así, cuando caiga, sabrá colocar adecuadamente las manitas para protegerse y amortiguar el golpe (la figura 2.6 esquematiza el ejercicio).

Fig. 2.6

3. Caminar con el niño sostenido de la mano. Sostenga a su niño de una mano y llévelo hacia donde se encuentren sus juguetes (o hacia algo que le llame la atención). Paulatinamente, siempre al lado suyo, vaya quitándole sostén; haga que el niño tome levemente sólo uno de sus dedos; si cae mientras realiza este ejercicio no le dé importancia, dígale: "¡eso es, arriba, vamos a caminar!" y sonría para que el niño tome sus caídas como parte del juego. No olvide colocar juguetes llamativos para que el niño trate de alcanzarlos. El propósito de este ejercicio es dar seguridad al niño en la marcha. Simultáneamente, al caminar sosteniéndolo de la mano, siéntese con él en el suelo y párese varias veces, con el fin de alternar las posiciones de pie y sentada con apoyo (fig. 2.7).

El niño empezará a caminar conforme vaya eliminando el miedo causado por una caída, mismo que, en muchos casos, pudo aumentar debido a la expresión o la actitud de los padres o de la persona encargada del cuidado del niño. Para conseguir que el niño camine solo, utilice el programa C.

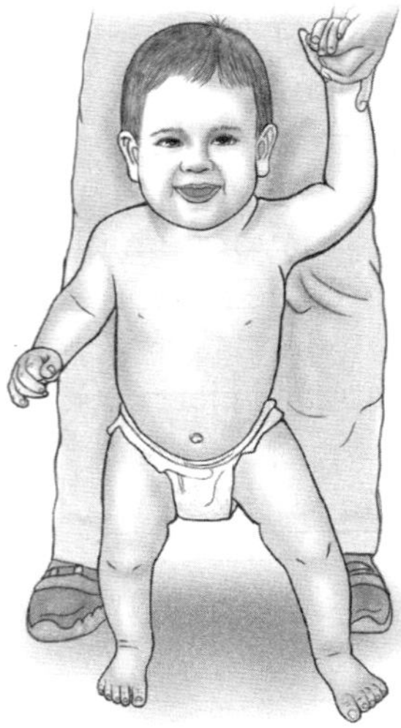

Fig. 2.7

CONCLUSIONES

De lo anteriormente expuesto se puede deducir que para la adquisición de habilidades de movimiento son muy importantes tanto la motivación como la necesidad. Así, por ejemplo, si usted tiene un automóvil, utilizará constantemente este medio de locomoción para desplazarse de un sitio a otro, y caminará menos, tan sólo lo necesario. Igual ocurre con el niño que casi siempre es llevado en brazos y al que se le trata de evitar el mínimo esfuerzo. Este niño no tiene necesidad de movilizarse, pues le bastará con gritar para que lo lleven a algún sitio o atiendan sus deseos. Comparta el tiempo con su niño, ayúdelo a que adquiera las habilidades motrices dándole seguridad para que tenga un buen equilibrio.

BIBLIOGRAFÍA RECOMENDADA

Rosado, J. A. y Calvo González, F. M. (2007). *Cuentos para ser jugados. Guía práctica de psicomotricidad infantil*. Madrid: ICCE.

Silva de Mejía, M. E. (2005). *Guía práctica para el desarrollo de la psicomotricidad*. Guatemala: Piedra Santa.

3

Cuando el niño moja la cama

Manuel Cuevas, Ximena Pareja
y Betsy Espada

INTRODUCCIÓN

El entrenamiento para ir al baño es una etapa natural y crucial en el desarrollo del niño. Generalmente se logra primero el control diurno y luego el nocturno. Éste puede durar desde unos pocos días hasta meses, pues los niños, de uno a otro, varían en su periodo de entrenamiento. La enuresis consiste en episodios de vaciamiento o incontinencia involuntaria y no intencionada de la orina durante el día (enuresis diurna), o la noche (enuresis nocturna), a una edad en la que se espera ya se haya establecido el logro y hábito de la continencia y el nivel de desarrollo y maduración necesarios. Algunos niños, pese a que cuentan con la edad suficiente para no mojar la cama durante la noche, lo hacen. Ello constituye un problema para los padres, pues su reacción la mayoría de las veces ante esta situación es negativa, y para el niño acarrea momentos desagradables de malestar, vergüenza y ansiedad. El hecho de que sea una situación muy frecuente no disminuye la preocupación ni los inconvenientes que ocasiona.

JUANITO MOJA LA CAMA POR LAS NOCHES

Juan era un niño de siete años de edad, que hasta entonces no había logrado controlar su micción en la noche, lo cual significaba que mojaba la cama. Sin embargo, durante el día podía controlar perfectamente la micción yendo al baño.

Ello repercutió en la forma de actuar de Juanito, que se fue tornando diferente de otros niños; más tímido, más inseguro de sí mismo y hasta más retraído, lo cual indicaba que estaba afectando su autoestima y autoconcepto.

Muchos niños se encuentran en la situación de Juanito, mojan la cama durante las noches, y sus padres, al igual que los de Juanito, se preguntan si existe alguna manera de solucionar este problema. Pusieron en práctica los consejos de amigos y parientes, pero los resultados fueron siempre los mismos: debían seguir lavando sábanas y ropa de cama casi todos los días. Médicos y amigos recomendaron a los padres no preocuparse, pues llegaría el momento, cuando el niño fuera más grande, en que aprendería a controlarse. Pero esto no era un verdadero consuelo, sino sólo una invitación a la resignación que no estaban dispuestos a aceptar. Fue entonces cuando decidieron llevar a cabo el tratamiento que les propuso un psicólogo.

Muchas personas se preguntan por qué algunos niños mojan la cama y otros no. Existen varias teorías que tratan de explicar y dar respuesta a esta pregunta. Hay quienes dicen que los niños se orinan en la cama porque les falta afecto y de ese modo llaman la atención. Otros argumentan que mojar la cama (enuresis nocturna) es síntoma de algún conflicto o trauma psicológico.

¿QUÉ PASA CON EL PROCESO DE LA MICCIÓN?

Quienes tienen en casa a un niño que presenta síntomas de enuresis, con toda seguridad habrán notado, al igual que lo hicieron los padres de Juanito, que el niño puede controlar la vejiga durante el día, pero orina frecuentemente en pequeñas cantidades y las entradas al baño son de suma urgencia. Este fenómeno se presentó en Juanito debido a que su vejiga se había *acostumbrado* a retener escasas cantidades de orina que ponían inmediatamente a funcionar el músculo detrusor de la vejiga. Por esta razón, el niño no había aprendido a sentir las presiones de ese músculo durante la noche, mismas que normalmente se perciben al llenarse completamente la vejiga, y que actúan como señal para despertarse, o bien para cerrar los esfínteres y retener la orina. Así se explica, en parte, la conducta de Juanito; pudo haber aprendido como otros niños, que mojar la cama era aceptable, pues nadie le mostró dónde debía orinar durante la noche. Pese a las recriminaciones de los padres, pudo ocurrir que, cuando era más pequeño, ellos aceptaron como un hecho normal el encontrar mojada la cama del niño, pensando que al crecer aprendería por sí solo a orinar en el baño. Pero ese día tan esperado no llegó, porque los padres nunca previeron que tenían que enseñarle cómo hacerlo. También pudo suceder que cuando Juanito llegó a la edad en que, según los padres, ya no debía orinarse en la cama, las pocas veces en que así fue, no reconocieron adecuadamente el hecho y por lo tanto, no estimularon al niño, sino al contrario, sólo le manifestaban sus preocupaciones y recriminaciones cuando mojaba la cama, dándole a entender con ello que *siempre* mojaba su cama, sin referirse al mérito de haber tenido algunas noches secas.

PROGRAMA DE TRATAMIENTO

Una vez explicadas a los padres de Juanito las razones por las que su hijo se orinaba en la cama, se prosiguió con la enseñanza del programa de economía de fichas o puntos que por fin suprimiría la conducta de Juanito. Los padres aprendieron que el primero de los pasos consistía en anotar en una hoja de registro si el niño había amanecido seco (S) o mojado (M), y el día de la semana correspondiente. Con los niños más pequeños se recomendaría utilizar elementos más gráficos como una carita alegre si el niño amaneció seco y una X sí amaneció mojado (cuadro 3.1).

Cuadro 3.1. Hoja de registro.

Día	*L*	*M*	*M*	*J*	*V*	*S*	*D*
¿S o M?*							

*S = amaneció seco (carita alegre); M = amaneció mojado (X).

Se recomendó a los padres de Juanito que esta anotación no se suspendiera hasta después de un par de meses, pues demostraba con exactitud lo que ocurría con la conducta que se deseaba cambiar. Durante dos semanas únicamente se realizó el registro de ésta (línea base), sin intentar modificarla todavía con el fin de tener un dato de lo que estaba sucediendo con la micción y así poder determinar el tratamiento efectivo.

Una vez terminado el registro quincenal se inició el programa que ayudaría a Juanito a mantenerse completamente seco durante la noche. Ahora bien, teniendo presente que tanto los niños como los adultos reciben cosas (consecuencias) por lo que realizan bien, y estas consecuencias ayudan a que se interesen más por aprender, se invitó a los padres de Juanito a descubrir cuáles eran éstas en su caso. Así se advirtió que las recompensas para Juanito podían ser: dulces, chocolates, helados; algo especial que deseara desde hace mucho tiempo, ir a algún lugar que le gustase (como el zoológico), visitar la casa de un tío, un primo, la abuela; ir al cine, ver su programa favorito de televisión, todos acompañados siempre de halagos o caricias, pues no hay mejor recompensa para un niño que el elogio genuino de los padres, que a la vez que ayuda a construir y fortalecer la autoestima y confianza, motiva al alcance del éxito en el tratamiento.

Buscando aprovechar el interés que un niño tiene por ser recompensado cuando realiza algo bien, se hizo con Juanito una lista de todo lo que le gustaría "ganar" o hacer, en caso de que no mojara la cama.

Así pues, como segundo paso del programa (el primero fue el registro quincenal), se hizo la lista de incentivos que el niño deseaba y estaban al alcance de sus padres, de las actividades que más le gustaría realizar, y de cosas que un niño recibe normalmente sin que se le pida nada a cambio; se dio un valor a cada una de las actividades e incentivos listados. Este valor no se estableció en dinero, sino en fichas que el niño debía ganar por cada noche que no mojara la cama; solamente con estas fichas podría conseguir aquello que deseaba. La lista se realizó de la siguiente manera:

Un chicle	5 fichas
Un chocolate	7 fichas
Ir al parque	10 fichas
Ir al zoológico	15 fichas
Ver un programa de TV	10 fichas
Comprar la pelota deseada	20 fichas

Las fichas que se usaron en el caso de Juanito fueron las de juego, pero también pueden utilizarse otros objetos, como bolitas de diferentes colores y tamaños. Lo importante es que el niño no pueda falsificar las fichas ni conseguirlas en otro lado. La lista, por supuesto, se realizó de acuerdo con lo que el niño quería, y se fijó mayor precio a lo más deseado y menor a lo que le interesaba menos.

El primer día, de este segundo paso del programa de tratamiento, se explicaron a Juanito las nuevas reglas del juego:

1. Por cada noche seca obtendría cinco fichas.
2. Para conseguir los premios tendría que reunir las fichas de acuerdo con la lista.
3. Por cada noche mojada, el niño devolverá a sus padres fichas de las que había ganado (lo que quiere decir que el cobro empezaría después de cuatro o cinco días de iniciado el tratamiento).
4. Las fichas que el niño fuera obteniendo quedarían guardadas y no se podrían conseguir por otros medios (como se explicó anteriormente) distintos a los ya establecidos: una noche seca; de otra manera, todo el esfuerzo sería inútil.

Cuando el niño recibía sus fichas, se le explicaba por qué las había ganado, y se enfatizaba esto, con palabras de elogio como: "eres un campeón", "¡eh! Amaneciste seco", "te felicito", "lo lograste", o se inventaba una cancioncita halagadora, u otras frases similares que agradaran al niño a la vez que lo hacían sentirse orgulloso y capaz de haber logrado algo tan importante. Estas expresiones también las decían otros miembros de la familia que vivían con él, así como otras personas importantes a su alrededor, como los abuelitos, maestras y empleada doméstica.

Las fichas eran entregadas al niño en cuanto se levantaba y verificaba que la cama estaba seca. De igual manera, debía pagar por las noches mojadas inmediatamente después de levantarse.

Algo muy importante

Si el examen médico determina que no hay causas infecciosas, obstrucciones, malformaciones o de maduración del tracto urinario ni alteraciones fisiológicas, ponga en acción el mismo plan que los papás de Juanito.

Si aun así el niño no mejora, consulte con un psicólogo experto en enuresis, recuerde que el problema siempre puede ser solucionado.

Esperamos que este capítulo le facilite el entrenamiento para que su hijo deje de mojar la cama. Recuerde que esta es una etapa de transición, desarrolllo y aprendizaje, y si es llevada a cabo con paciencia, tolerancia, consistencia y entendimiento, será más fácil y gratificante para ambos, a la vez que protegerá siempre la autoestima, autoconfianza y sentimientos de seguridad de su hijo.

BIBLIOGRAFÍA RECOMENDADA

Bennett, H. J. (2005). *Waking up dry: A guide to help children overcome bedwetting*. Washington, D. C: American Academy of Pediatrics.

Hudson's, L. (2004). *I'm dry at night: end the misery of wet beds for 6-9yr olds*. Nueva York: Firstwayforward Audio Books.

Mack, A. (1990). *Dry all night: The picture book technique that stops bedwetting*. Nueva York: Litle, Brown.

Maizels, M. (1999). *Getting to dry: How to help your child overcome bedweting*. Cambridge, Mass: Harvard Common Press.

Mercer, R. (2003). *Seven steps to nighttime dryness: A practical guide for parents of children with bedwetting*. Nueva York: Brookeveille Media.

Willis, J. (2001). *Do little mermaids wet their beds¿* Londres: Andersen Press.

4

Cómo prevenir los miedos infantiles

Carlos E. Berganza

INTRODUCCIÓN

La niñez, casi por definición, es una etapa de la vida en la que el individuo se muestra altamente susceptible a sufrir temores, que pueden ser realistas y necesarios para la supervivencia y la seguridad, o irracionales y limitantes del desarrollo y el aprendizaje. Varios factores parecen contribuir a esta especial susceptibilidad:

1. Por su corta edad, el niño es más vulnerable a sufrir daño físico ante diversas circunstancias.
2. El "aparato psicológico" del niño, al no estar totalmente desarrollado, resulta insuficiente para comprender, analizar y conceptualizar, con apropiada competencia, las experiencias novedosas, especialmente si éstas son de alta intensidad o de naturaleza abrumadora.
3. La actitud protectora normal de los padres les impulsa a prevenir constantemente al niño acerca de los peligros que para él representan actividades, lugares u objetos que, por otro lado, poseen un enorme atractivo para su inagotable curiosidad.

El padre experimentado suele reconocer los temores pasajeros y de poca importancia, y puede responder al niño atemorizado con ecuanimidad y calma, contribuyendo, así, a la superación del temor; sin embargo, un buen número de padres se angustian y se exasperan ante la conducta atemorizada y retraída de su hijo, especialmente si no comprenden el origen de dicha conducta. Tal exasperación puede conducir a situaciones familiares que, lejos de tranquilizar al niño, afirmar su seguridad y permitirle una rápida superación del temor, pueden aumentarlo, prolongarlo o extenderlo a otras áreas de su funcionamiento.

Este capítulo ofrece a los padres información respecto de lo que en la actualidad se conoce acerca de los temores infantiles y, al mismo tiempo, proporciona algunos lineamientos o guías generales sobre su prevención y manejo.

NATURALEZA DE LOS TEMORES INFANTILES

Existen varios tipos de temores que pueden afectar al ser humano durante la niñez y la adolescencia; algunos tienen un carácter universal; por ejemplo, los temores a la oscuridad, a estar solo y a perderse son experimentados por los niños de todas las culturas y en todas las épocas, independientemente de su experiencia previa. Debido a esto, algunos autores les llaman *temores arcaicos*. Un temor arcaico importante es el que siente cualquier recién nacido cuando se le cambia bruscamente de posición o se le hace perder su base de sustentación. En este principio se funda el llamado *reflejo de Moro* en el recién nacido, que provoca el pediatra durante su examen para establecer la integridad del sistema nervioso del infante.

Ciertos temores parecen estar condicionados por el proceso de crecimiento y desarrollo psicológico del niño. Su origen se explica de diversas maneras, según la escuela psicológica que cada autor acepte; sin embargo, todos los especialistas en psicología infantil parecen estar de acuerdo en que, a ciertas edades, los niños son más susceptibles a experimentar temores específicos y que, una vez superada cada etapa de desarrollo, los temores naturalmente vinculados a ella tienden a desaparecer. Así, alrededor de los ocho meses de edad se observa la llamada *angustia ante extraños*. El infante que poco tiempo atrás era el orgullo de la familia por su "sociabilidad" y su facilidad para relacionarse con todo el mundo, propios o extraños, de pronto empieza a reaccionar con exageradas manifestaciones de ansiedad, irritabilidad y llanto, cuando se le deja en brazos o en compañía de un extraño. Sólo la presencia de la madre o de un familiar muy cercano al niño suele calmarlo. Poco a poco esta etapa se va superando, y hacia el final del primer año de vida o al principio del segundo, el temor a extraños queda superado.

La madre perceptiva y cuidadosa notará pronto que su niño manifiesta dicha angustia y reconocerá la necesidad que su hijo tiene de no ser dejado en presencia de extraños por periodos prolongados durante esta etapa. El conocimiento de que tal reacción infantil forma parte del desarrollo normal y no de un "mal hábito" o de un trastorno serio permitirá a la madre tranquilizarse y reaccionar comprensivamente y con calma. Pronto el niño volverá a socializar con extraños; todo es cuestión de esperar un poco.

Otro temor vinculado al proceso de desarrollo es la llamada *ansiedad* o *angustia de separación*. Alrededor de los 18 meses, con el incremento de la actividad exploratoria, facilitado por el desarrollo de la locomoción, el niño enfrenta una mayor probabilidad de separación física de la madre. Ya a estas alturas, en condiciones normales, el niño ha establecido un vínculo selectivo con la madre y depende, consecuentemente, de la presencia de aquella para su bienestar emocional; al mismo tiempo, no ha desarrollado todavía la capacidad de crear para sí mismo una imagen "mental" permanente de la madre con lo que aliviaría la tensión generada por su ausencia. En otras palabras, puede decirse que en esta etapa, desde el punto de vista emocional, la desaparición temporal de la madre tiene para el niño el mismo efecto que tendría su desaparición permanente, puesto que él no ha desarrollado la capacidad que todos los adultos tenemos para reconocer que, cuando una persona querida desaparece de nuestra vista, sigue ligada a nosotros afectivamente, y que sus sentimientos de amor y aceptación permanecen inalterados.

Enfrentado a tales circunstancias, comunes de esta etapa del desarrollo, el niño experimenta mayor ansiedad ante la separación de la madre, misma que tiende a manifestarse mediante conductas más infantiles, un excesivo apego a la mamá y crisis de llanto cuando ésta se va y lo deja solo. En la mayoría de los niños, la ansiedad de separación es temporal y pasajera; hacia el final del segundo año de vida se observa una disminución notable de este temor, desapareciendo por completo, generalmente, al alcanzar los tres años de edad. Una de las características conductuales de esta etapa –y que representa, según algunas escuelas psicológicas, un esfuerzo del niño por superar la ansiedad de separación– es el apego a ciertos objetos (una colchita, un oso de felpa, etc.), conocidos como "objetos transicionales" porque representan, supuestamente, una transición entre la total dependencia hacia la madre y el logro de la independencia o individuación psicológica del niño.

Como podrá suponerse, es conveniente reducir en esta etapa las separaciones prolongadas, y efectuarlas sólo cuando sean absolutamente inevitables, de manera especial si el niño muestra grandes manifestaciones de angustia. Por ello, este no es, quizá, el mejor momento para que los padres realicen el anhelado segundo viaje de "luna de miel". Esperar unos pocos meses puede evitar reacciones en el niño que pudieran convertirse en problemas más difíciles de resolver. En cambio, es momento de ensayar juegos que impliquen la desaparición temporal y la reaparición de objetos y personas, incluyendo a la madre. El niño suele participar en estos juegos con inusitada excitación, mezcla de temor ante la desaparición de su madre, y de gozo y sorpresa ante su súbita reaparición. Conviene, asimismo, exponer al niño a separaciones cortas de la madre, dejándolo al cuidado de personas a quienes él tenga confianza. Debe, por supuesto, informársele que mamá va a salir y que volverá pronto, aceptando su natural reacción de temor; no se le debe engañar ni abandonar a escondidas, pues esto le generará más desconfianza y, por lo mismo, más temor.

LOS TEMORES ANORMALES

Llamamos temores anormales a aquellos que aparecen como una conducta que no se espera en determinadas fases del desarrollo psicológico del niño o que, siendo un temor propio de una fase particular del desarrollo, sus manifestaciones son exageradas o se prolongan mas allá de la etapa a la que corresponden. Así, por ejemplo, habrá niños que manifiesten *ansiedad de separación* alrededor de los 18 meses, como una conducta esperable en esta etapa; pero luego ésta se prolonga hasta los cuatro o cinco años de edad causando, por ejemplo, una marcada resistencia del niño a ir a la escuela. Esto se ha conocido en el pasado como *fobia escolar*, término que hoy se considera inexacto, pues la verdadera naturaleza del problema no es una reacción de fobia hacia el "objeto" escuela, sino un enorme temor a alejarse de las figuras familiares importantes, especialmente la madre.

En ocasiones, el temor del niño a alejarse de la madre puede ser resultado de un deseo de "protegerla" ante peligros reales o imaginarios. Niños cuyas madres se encuentran sufriendo alguna enfermedad, percibida por ellos como una grave amenaza a su vida, pueden presentar "fobia escolar", igual que niños cuyos padres atraviesen por un serio conflicto marital. Otras veces, el temor a la separación puede ser consecuencia de la "convicción" que el niño pueda abrigar de que va a ser abandonado por la madre. Este tipo de reacción suele verse en niños cuyos padres se han separado o divorciado. En tal caso, uno de los padres pudo haberse ido del hogar abandonando, en efecto, al niño, sin darle una adecuada explicación de lo que el niño puede esperar del proceso de separación, como ocurre frecuentemente. En consecuencia, cada vez que este niño se aleja de la madre, se ve ante la aterradora posibilidad de que ella también se vaya y, entonces, él quede totalmente desamparado. Aquí, la resistencia a separarse representa una "medida de seguridad" mediante la cual el niño se quiere proteger de la perspectiva de ser abandonado una vez más.

En caso de enfermedades serias en la familia, se recomienda proporcionar al niño información veraz y adecuada a su nivel de comprensión. No conviene abrumarlo con detalles innecesarios que puedan resultarle incomprensibles; pero tampoco es conveniente mentirle o pretender ocultarle la verdad, pues el niño sospechará que algo serio pasa y supondrá que se trata de algo todavía más grave, ya que no se le comunica "la verdad". Es importante, desde luego, ofrecer al niño un panorama positivo y realista de la situación, ello será más fácil en la medida en que los adultos enfrenten la enfermedad con una actitud igualmente positiva y realista.

En cuanto a los temores ocasionados por los conflictos maritales de los padres –incluyendo el divorcio–, la mejor manera de prevenirlos es evitar, justamente, las causas de tales conflictos. Sin embargo, si esto no es posible y la relación de pareja se hace insostenible, conviene recordar que mientras más apropiada sea la actitud de los padres ante la separación, menos graves serán las consecuencias sobre los niños. La evidencia sugiere de manera convincente que el divorcio constituye una de las experiencias más angustiantes para el niño, aun ante una actitud serena y "civilizada" de los padres. Pero si a la disolución del hogar se agregan gritos, violencia física, amenazas, inculpaciones mutuas o si, lo que es más grave todavía, se utiliza al niño como instrumento de agresión de uno de los padres en contra del otro, la experiencia será devastadora para la estabilidad emocional del infante. De nuevo, la información apropiada a su nivel de comprensión respecto de lo que ocurrirá con todos los miembros de la familia y cómo se relacionarán en el futuro, otorga confianza al niño y lo tranquiliza. Preguntas como: ¿Seguiré en el mismo colegio o tendré que irme a otro más barato?, ¿Veré a mi papá sólo los fines de semana?, ¿Con quién pasaré la Navidad?, ¿Si decidiera vivir con mi papá, me dejaría de querer mi mamá?, pueden parecer irrelevantes para un adulto, pero constituyen verdaderas cuestiones de "vida o muerte" para la limitada comprensión y la carencia de control que el niño posee sobre tales acontecimientos, centrales para su desarrollo. Un padre sensible responderá con paciencia todas esas preguntas atendiendo de manera especial las necesidades de seguridad y apoyo que el niño tiene, para ayudarlo a superar la crisis sin consecuencias graves.

Otra fuente de temores infantiles es la vida cotidiana misma. Resulta fácil suponer que si un niño queda atrapado en un elevador, es factible que desarrolle temor o fobia a los elevadores. Aquí, de nueva cuenta, la actitud de los adultos que rodean al niño desempeña un papel muy importante. Si los adultos reaccionan ante un evento riesgoso con calma y serenidad y ofrecen el debido apoyo emocional al niño, puede ser que éste no desarrolle ningún temor importante y recuerde la experiencia como algo divertido o, cuando mucho, intrascendente; pero si, por el contrario, la reacción de los adultos ha sido de franco pánico, la experiencia resultará más traumática para el niño, y sus efectos negativos, más profundos y duraderos.

En ocasiones los padres mismos, sin proponérselo, pueden generar temores potencialmente incapacitantes en sus hijos. La tendencia de los padres a utilizar formas de presión molestas para el niño, como una amenaza para obtener un cambio en su conducta, puede acentuar sus temores. Por ejemplo, la madre que amenaza a su hijo con "llevarlo al doctor" si no se toma la leche, o si no se lava los dientes, está fomentando en él un temor innecesario al médico; de manera que cuando el niño necesite ir al médico o al hospital, interpretará esta experiencia como un castigo y reaccionará con angustia o franco pánico.

Una fuente "cultural" de temores infantiles en nuestro medio lo constituye el personal de servicio al cuidado de los niños. Frecuentemente, la nana o la sirvienta, en su afán de distraer al niño y conseguir que se duerma, mientras los padres están fuera, le narran fábulas, leyendas o historietas cuyos temas infunden temor y, por lo mismo, cautivan la curiosidad natural del niño; de ese modo, desfilan por la rica fantasía del infante "lloronas", "duendes", "cocos" y demás figuras poderosas, amenazantes y ante las cuales no existe defensa alguna. Ante esto, no resulta extraño que pronto el niño desarrolle temor a la oscuridad o a irse a la cama, pues estas circunstancias habrán quedado asociadas a eventos aterradores. Un agente causal, en este mismo contexto, puede constituirlo la televisión y, más recientemente, la Internet. Programas de terror, inadecuadamente seleccionados, suelen resultar verdaderas experiencias traumáticas para un niño vulnerable y ser el punto de partida para temores potencialmente incapacitantes.

Un hecho bien documentado acerca de la televisión (y seguramente lo mismo puede decirse de los videojuegos y de la Internet), es que la mayoría de los programas dirigidos al público infantil contienen escenas de violencia. Aun cuando el efecto más comúnmente señalado al observar actos de violencia es la imitación de tales conductas, con el consecuente desarrollo de agresividad en el niño, no hay duda de que la aparición de serios temores en el niño puede ser desencadenada por programas de terror o de violencia. Debido a esto, resulta de gran importancia que el padre se ocupe de supervisar tanto la cantidad de tiempo que su hijo pasa frente al televisor y la computadora, como la calidad de los programas a los que se expone, con el propósito de evitar que escenas demasiado grotescas de terror o de violencia (física, psicológica o sexual) influyan la mente del infante a tan temprana edad.

Obviamente, un niño con una rutina diaria de actividades deportivas, artísticas, religiosas y culturales, y con una rutina adecuadamente estructurada tendrá poco tiempo para exponerse a los efectos negativos de la televisión, los videojuegos o la Internet, y desarrollará intereses mucho más creativos y estimulantes. Lo mismo puede decirse del chico activamente atendido por sus padres, con quienes comparte diversas actividades como leer, pintar y hacer deporte.

Por supuesto, siempre puede argumentarse que la violencia rodea al niño cotidianamente y que no es posible protegerlo contra esta violencia manteniéndolo alejado del televisor. Es probable que esto tenga algo de verdad, pero ello no justifica el renunciar a la protección que se le puede ofrecer al niño mediante el control adecuado de su exposición a la violencia cotidiana en los medios de comunicación.

La violencia en el entorno social del niño es una causa importante de temores infantiles. Un niño cuyo rendimiento académico decayó recientemente y desarrolló marcada ansiedad de separación y temor a dormir solo, indicó al psicólogo que su verdadero deseo era abandonar el colegio para poder quedarse en casa para proteger a su mamá, quien ha sido asaltada a mano armada en dos ocasiones durante los últimos dos meses. Otro niño se despertaba aterrorizado a media noche y alucinaba a un hombre entrando por la ventana, desde el día en que presenció la muerte violenta de su tío. El efecto de la violencia social sobre la estabilidad emocional y el desarrollo psicológico de nuestros niños es, en una palabra, devastador.

Algo muy importante para prevenir temores infantiles derivados de la violencia social es mantener a los niños alejados de discusiones repetidas y emotivas sobre el tema, especialmente en casos en que la violencia ha tocado a la familia misma. Cuando un familiar cercano ha sido agredido violentamente –o asesinado– el niño debe recibir información sobre el hecho, pero no es necesario abrumarlo con detalles que le generen horror, ni hacerlo partícipe de todas y cada una de las reuniones familiares en que el suceso ha de discutirse. Si la adopción de medidas de seguridad se hace pertinente, éstas deben tomarse con eficacia y serenidad y nunca con maniobras escandalosas o innecesariamente espectaculares y alarmistas.

LOS LLAMADOS TERRORES NOCTURNOS

Algunos niños, por lo demás completamente normales y sanos, se resisten a ir a la cama llegada la hora de dormir, y utilizan cualquier recurso a su alcance para evitarlo. Esto no constituye un verdadero temor infantil; sin embargo, en ocasiones la resistencia a irse a la cama puede expresar el temor del niño a quedarse solo, a separarse de sus padres o a sufrir pesadillas.

El infante puede sufrir, cuando menos, dos tipos de pesadillas; el más común es ese que todos hemos sufrido alguna vez, y que ocurre en una fase superficial del sueño, de la cual es relativamente fácil despertar al durmiente. El contenido de esta pesadilla, es decir el "tema" de lo que el niño sueña, estará constituido generalmente por sus experiencias recientes. De modo que, mientras más conflictivas y atemorizantes sean las experiencias del niño durante el día, más aterrador será el contenido de sus pesadillas.

El segundo tipo de pesadillas está formado por los llamados terrores nocturnos, y representa una alteración más importante de la fisiología del sueño, aunque, aparte de lo aparatoso de su manifestación, dicha alteración no constituye en sí misma un peligro serio para la vida de quien la sufre. Los terrores nocturnos son parientes cercanos del sonambulismo (deambular dormido) y del somniloquio (hablar dormido), así como de ciertas formas de enuresis (orinarse en la ropa). Como éstos, los terrores nocturnos son "automatismos" en la conducta que se presentan en la fase profunda del sueño. El niño que padece una crisis de terror nocturno, se despierta aterrorizado, pálido, sudoroso; su corazón palpita acelerada e intensamente; resulta evidente que alucina, pues señala cosas, monstruos o personas que sólo él mira y, en general, presenta las manifestaciones propias de una persona en franco estado de pánico. Aquí, cualquier maniobra de los padres para calmarlo resultará inefectiva. El niño no reconoce a quienes lo rodean ni tiene conciencia clara de la situación. La realidad es que, como el sonámbulo, el infante con terror nocturno se encuentra dormido, aunque aparente lo contrario.

Cuando el niño presenta una marcada resistencia a irse a la cama, lo mejor es una actitud comprensiva, pero firme, de parte de los padres. Es importante que el niño adquiera el hábito de retirarse a su cama a una hora determinada todos los días. Conviene que, a medida que se acerca la hora de dormir, se disminuyan las actividades demasiado estimulantes, como aquellas que requieren ejercicio físico o que son atemorizantes –como el esconderse o el jugar a los fantasmas–. Si el niño reclama con vehemencia la presencia de un adulto, puede acompañársele a su dormitorio y permanecer con él, pero sin hablarle ni provocarle ninguna estimulación. Una iluminación tenue de la habitación puede contribuir a su seguridad. Si se sospecha que el niño tiene terrores nocturnos, además de prestar atención inmediata a la seguridad del niño durante el episodio respectivo, debe consultarse a un especialista, como se verá más adelante.

LA ACTITUD DE LOS PADRES Y LOS TEMORES INFANTILES

Como en cualquier problema de la conducta en niños y adolescentes, la actitud de los padres desempeña un papel importante en la aparición de los temores infantiles. Pero quizá donde más evidente e ilustrativo resulta lo anterior es en el niño cohibido, exageradamente tímido y temeroso de casi todo. Los pediatras se refieren con frecuencia a este tipo de niños como "sobreprotegido"; pero, a menudo, ocurre con estos niños todo lo contrario. Es cierto que si a un niño se le "sobreprotege" en exceso, es decir, no se le permite ensayar sus habilidades en la solución progresiva de sus propios problemas, se le creará la idea de que él es incapaz de hacerlo y en el futuro evitará intentarlo. En el otro extremo, el niño tratado con una actitud demasiado severa, que es castigado con frecuencia o golpeado por cualquier falta, se desarrollará inseguro de sí mismo y percibirá toda iniciativa suya como una conducta problemática que le traerá castigo o rechazo por parte de los demás. Debido a esto, bien puede decirse que la sobreprotección conduce a la incompetencia y a la inseguridad, y el castigo excesivo, al temor, la inseguridad y a la falta de iniciativa.

Naturalmente, el utilizar ciertos objetos –personajes o situaciones– como elementos de castigo para modificar la conducta del niño conseguirá su objetivo inmediato, pero al precio de desarrollar en él una actitud de temor y evasión hacia esos objetos. De ahí la inconveniencia de atemorizar al niño con "ponerle una inyección" si no hace esto o aquello, o con llevarlo al dentista si no se pone la pijama, a menos que se quiera desarrollar en él un temor limitante al dentista o a las inyecciones, servicios que a la larga pueden ser necesarios para su salud y bienestar.

El niño pequeño y el recién nacido deben ser manejados con delicadeza, evitando movimientos demasiado bruscos, cambios de posición súbitos y estímulos demasiado intensos; de lo contrario, pueden generarse en ellos conductas de rechazo y temor al contacto físico o a la cercanía de los adultos, con lo que se afecta de modo importante el desarrollo psicológico y social de los infantes.

En situaciones de peligro real, una actitud serena por parte de los adultos no sólo suele ser más efectiva para salir ilesos de las mismas, sino evita, además, el desarrollo de temores infantiles serios hacia los objetos ligados a la experiencia riesgosa. Como es lógico, los niños no deben ser expuestos a riesgos innecesarios y requieren protección, tanto en contra de los peligros externos, como de sus propios impulsos agresivos y destructores; pero, por otro lado, la vida y el desarrollo del ser humano demandan el aceptar cierto grado de riesgo para poder progresar. La exagerada restricción de los padres hacia las actividades físicas y sociales de los jóvenes, con la protección como excusa, cobra un alto precio, pues puede provocarles una seria incapacidad para enfrentar relaciones afectivas, sociales y/o profesionales en la vida adulta.

Cuando un niño reacciona abiertamente con temor ante un objeto que en condiciones normales no debiera causarlo, o cuando el niño se resiste, por ejemplo, a separarse de la madre, a edades en que dicha separación debiera darse sin problemas, conviene no desesperarse ni actuar de manera amenazadora o con una actitud de sobreprotección extrema. Si la reacción de angustia no es exagerada y el niño no presenta alteración en las funciones físicas del cuerpo: vómitos, asma, desvanecimientos u otro síntoma serio, es preferible mostrar una actitud comprensiva pero firme, incitando al niño a exponerse a la situación que le causa temor.

Es importante que los padres no se muestren vacilantes ni ambivalentes, o en conflicto el uno con el otro al respecto, pues el niño captará estas circunstancias e incrementará su resistencia buscando vencer la voluntad de los padres e intentando generar una actitud de rescate en el más vulnerable. En el proceso, conviene hablarle con afecto, con firmeza, sin amenazas y, ciertamente, nunca con golpes.

La situación cambia cuando el estado físico del niño se ve comprometido, por ejemplo, cuando tiene náuseas y vómitos francos, o un ataque asmático serio en el momento de la crisis. En estos casos, el infante debe ser examinado por un especialista: el pediatra, si se trata de una emergencia, o el psicólogo o psiquiatra de niños, si la condición del chico puede esperar un poco más. En este último caso, se requerirá siempre una evaluación pediátrica completa y se efectuará un examen psicológico minucioso, antes de establecer un plan de tratamiento del problema.

De la misma manera, la aparición súbita de temores irracionales en un adolescente cuyo funcionamiento previo ha sido aceptable o normal; por ejemplo, un exagerado temor a los exámenes del colegio, a la clase de gimnasia, a la crítica de los compañeros, o a las reuniones sociales, sugiere con frecuencia un problema importante en el estado emocional del muchacho, especialmente si ello se asocia a evidentes limitaciones en sus actividades escolares, familiares o sociales. En este caso, también resulta imprescindible consultar a un especialista en problemas psicológicos de la adolescencia.

La visita al psicólogo o psiquiatra es asimismo recomendable para el tratamiento de los terrores nocturnos, especialmente si éstos son frecuentes y ocasionan marcada molestia al resto de la familia, o si generan en el muchacho que los padece otros tipos de temores o limitaciones; por ejemplo, temor a irse a la cama, disminución en el rendimiento escolar por fatiga o insomnio, etc. Es importante que el padre evalúe el grado de peligro en que el niño se pone al levantarse en medio de la noche, confuso y aterrorizado. Si se tiene la percepción que el niño corre peligro, por ejemplo, al correr escalones abajo como si huyera de algo aterrorizante, son necesarias medidas de protección adecuadas y es aconsejable consultar con un especialista para instituirlas de inmediato. A menudo, estos casos requieren cuidadosas evaluaciones en laboratorios especializados en problemas de sueño, si se dispone de ellos. En muchas ocasiones, se hace necesaria la prescripción de ciertos medicamentos que modifican la fisiología del sueño y resuelven el problema temporalmente, mientras se aguarda a que, con la maduración progresiva del sistema nervioso del niño, el problema quede superado de manera definitiva y el medicamento ya no sea necesario. La reacción de los padres ante estos problemas necesita también revisión, para que su actitud no contribuya a empeorar el problema o a la aparición de otras complicaciones.

Finalmente, debemos recordar a los padres que la disciplina es necesaria para el desarrollo de un carácter firme y socialmente competente; pero una buena disciplina no es sinónimo de gritos, castigos o golpes; éstos sólo producen dos tipos de resultados: o un muchacho rebelde –abierta o pasivamente–, agresivo e irrespetuoso de las normas de la sociedad, o un joven atemorizado, tímido, socialmente incompetente, carente de iniciativa, fácilmente manipulable e incapaz de hacer respetar su propia individualidad. Una buena disciplina requiere aceptación del niño, paciencia, dedicación, atención, consistencia, firmeza y flexibilidad de parte de los padres. Ellos deben ponerse de acuerdo respecto de las expectativas, límites y derechos del menor, y hacer que éstos sean expresados en términos precisos y adecuados a su capacidad de comprensión. El reconocimiento atento de sus buenas cualidades y de las conductas aceptables produce un mejor efecto que la crítica pertinaz o el castigo indignante ante las conductas inaceptables. No conviene un abandono irresponsable del niño a su libre albedrío, pues el niño requiere disciplina para aprender a canalizar sus impulsos por cauces socialmente aceptables. Conviene, eso sí, una disciplina basada en el respeto a la personalidad del niño y a su capacidad para contribuir de manera eficiente y positiva a la solución de sus problemas. En la medida en que esta capacidad sea reconocida, el niño irá desarrollando una actitud más libre, más creativa y más respetuosa de los derechos de quienes lo rodean. Ese es, previsiblemente, el tipo de ciudadanos que nuestras sociedades requieren hoy más que nunca en un mundo en el que pareciera que se privilegiara la confrontación y el afán de dominio sobre el diálogo, la negociación y la convivencia.

BIBLIOGRAFÍA RECOMENDADA

Chansky, T. (2004). *Freeing your child from anxiety*. Nueva York: Broadway Books.

Echeburúa, E. (1993). *Trastornos de ansiedad en la infancia*. Madrid: Pirámide.

Last, C. G. (2006). *Help for worried kids: How your child can conquer anxiety and fear*. Nueva York: Guilford.

Méndez, F. X. (1999). *Miedos y temores en la infancia: Cómo ayudar a los niños a superarlos*. Madrid, Pirámide.

Monjas, M. I. (2000). *La timidez en la infancia y la adolescencia*. Madrid: Pirámide.

Muris, P. (2007). *Normal and abnormal fear and anxiety in children and adolescents*. Oxford: Elsevier.

SEGUNDA PARTE

Problemas de interacción social

5

El visitante nocturno

Erika Brockmann y Anna Urrutia

De acuerdo con los lineamientos generales que orientan el volumen en su totalidad, en este capítulo se ofrecen pautas simples para solucionar un problema que, si bien no es considerado como grave, sí afecta a una gran cantidad de niños y a sus padres.

Tal vez la sensación más tierna y agradable de la paternidad constituya el descubrir cuán hermoso resulta tener al gracioso hijo de dos años durmiendo de cuando en cuando en la propia cama. Pero tenerlo todas las noches se vuelve una molestia; en realidad no viene al caso redundar sobre las causas que intervienen en la formación de un visitante nocturno. En general, el problema puede empezar por comodidad, sobreprotección, o por la falta de habitación adecuada para el niño, u otras razones como despertares o miedos nocturnos, que requieren su propia atención. Sin embargo, en la mayoría de los casos el problema se presenta cuando los padres consideran que es el momento que el niño permanezca durante la noche en su propia cama.

Berrinches, largas noches de insomnio, llantos, ruegos, amenazas y castigos (cuando el cansancio llega y la paciencia se agota) pasan a ser los ingredientes de la sutil batalla que se libra entre padres e hijos.

Dedicado especialmente a los padres identificados con el tema aquí planteado, en el presente capítulo se propone, paso a paso, un programa de modificación de conducta diseñado exclusivamente para lograr que el niño permanezca en su propia cama durante la noche. El programa base señalado a continuación está elaborado para aplicarse de preferencia a niños mayores de tres años.

Si usted como padre o madre de familia desea solucionar de manera definitiva este inconveniente, y piensa para ello apoyarse en el programa base aquí presentado, ponga atención a todas y cada una de las instrucciones, sea constante, y pronto obtendrá resultados satisfactorios. Tendrá, además, la oportunidad de disfrutar de una experiencia muy especial con su niño; y al mismo tiempo, será el protagonista en la aplicación de un programa, que por más sistemático y riguroso que parezca, resultará simpático y sencillo en su realización práctica.

PRIMERA ETAPA

1. Establezca cuán constantes y persistentes son las intromisiones de su visitante nocturno.
2. Durante esta primera fase de registro (anotación) no haga ningún comentario que alerte al niño sobre sus proyectos. Tampoco intente solucionar el problema durante estos días; y si ya lo estaba haciendo, suspenda toda acción, ya que puede interferir con los procedimientos que aquí se proponen.
3. Asegúrese de que el problema de las visitas se circunscribe a las visitas mismas. Es posible que temores específicos, miedos u otros problemas más o menos serios tengan relación, de alguna manera, con el descanso nocturno. Si es este el caso, primero solucione el problema fundamental de su hijo. (En este volumen se incluyen varios capítulos que pueden orientarlo en la solución de diversos problemas.)

SEGUNDA ETAPA

1. *Formúlese un objetivo final.* En este caso será: lograr que su niño o niña permanezca en la propia cama durante toda la noche, por lo menos hasta que usted haya descansado lo suficiente para iniciar el nuevo día; una vez formulada su meta final téngala presente mientras aplique el programa.

2. *Procedimiento central.* Vamos a suponer que las intromisiones nocturnas de su hijo tienen una frecuencia promedio de cuatro veces, o más, por semana. Esta cifra es relativamente alta y estable, y el método fundamental que utilizaremos será el reforzamiento positivo. Esto quiere decir que se premiará y recompensará al niño cuando presente la conducta que deseamos de él (que permanezca en su cama). Es posible que usted haya intentado con anterioridad ponerlo en práctica sin éxito alguno; sin embargo, es importante recordar que una recompensa funciona como verdadero refuerzo para una conducta siempre y cuando se cumplan determinados requisitos:

a) La recompensa utilizada debe ser verdaderamente compensatoria y motivante para el niño.
b) Lo que es recompensa para unos, puede no serlo en absoluto para otros.
c) Una recompensa, o reforzador, para que tenga un efecto real y efectivo debe dársele al niño inmediatamente después de la conducta deseada. No lo olvide ni espere un momento para dársela, haciéndole notar que la recompensa es consecuencia de su conducta.
d) La atención de los padres, la comunicación verbal y no verbal de sentimientos, el elogio, la aprobación, el gesto más sutil, constituyen los reforzadores sociales, son de gran poder y tienen la ventaja de estar presentes en el ambiente natural del niño. Para aumentar la eficacia del programa, y alimentar la relación con su hijo, acompañe el momento de la recompensa de muchos elogios y felicitaciones.

- Cada vez que el niño permanezca en la cama durante toda la noche, uno o ambos padres llegarán en la mañana con elogios y felicitaciones, y/o le narrarán o leerán una historieta. Recuerde que ello constituye un verdadero acontecimiento, y de usted dependerá que el "refuerzo" resulte atractivo y efectivo; el entusiasmo genuino y la elocuencia son importantísimos para el éxito del programa.
- Asimismo, registre con gran dedicación la conducta deseada en un cartel visible que puede tener cuadros correspondientes a cada día que espera que el niño amanezca en su cama. Esta fase del programa puede hacerse conjuntamente con el niño, y los niños mayores pueden, incluso, llevar el control

por sí solos. Cada vez que su hijo se quede en su cama por toda la noche, coloque una estrella o cualquier otro dibujo atractivo en el cartel de registro, de manera que pueda ver objetivamente su desempeño, mientras la misma presencia de las estrellas constituyen el reforzamiento.

- Con niños mayores puede desarrollarse un programa de economía de fichas, en el cual realiza una lista de premios con su hijo, que él puede "comprar" a cambio de una cantidad preestablecida de estrellitas (o fichas) que habrá de "ganar". Este programa, muy motivante para niños mayores, requiere que los premios que se van a "comprar" sean accesibles para los padres (es mejor tener unos cuantos guardados para el momento del canje) pero inaccesibles para el niño a menos que los padres se los den.
- No olvide prestar atención, elogiar y aprobar la nueva actitud de su hijo.

Comunique al niño su nuevo proyecto

Una vez que esté todo dispuesto para comenzar el programa es de primordial importancia que el niño sepa del "gran juego" que va a comenzar. Empiece por formar o fortalecer la rutina de irse a dormir por la noche: acostarse a una hora dada en su cama y dormirse allí, ya sea con un cuento o lo que ustedes encuentren útil para relajarse. Muéstrele el primer registro y convénzalo de que ya es un niño grande y fuerte, y ha llegado la hora de que aprenda a dormir solo en su propia cama. Explíquele que va a aprender de una manera especial, y una vez que comprenda las reglas del juego, enfatícele que usted confía en que lo va a poder hacer bien, pero que si rompe el trato abandonando su cama, usted no dudará en devolverlo a su habitación y que a la mañana siguiente no habrá estrella ni ficha. La primera noche puede ser flexible; una vez que el niño volvió a su cama recuérdele el compromiso; sin embargo, no anticipe la probable concesión de esta primera noche... las siguientes no habrá concesiones, convénzase de ello usted mismo. Probablemente llore, o le ataque un berrinche sin precedentes y perturbe el sueño de propios y extraños. Comunique a la familia entera los términos del nuevo contrato; es bueno uniformar las reacciones de todos en casa. Si ocurre que el niño rompa en llanto, debe ignorarlo.

TERCERA ETAPA

La cuesta final

Todo programa de modificación de conducta llega a su fin si logra la consecución de la meta y la consolidación de esta conducta. Después de unos días usted puede observar que se han operado en el niño cambios en el comportamiento más o menos significativos y estables. Sin embargo, aunque el problema parezca haber desaparecido rápidamente, permanezca en el programa hasta que la conducta se consolide y no lo abandone abruptamente. Después de un tiempo, pueden introducirse algunas modificaciones:

1. Elimine la recompensa gradualmente: puede suspender primero la narración, luego las visitas o los premios "canjeados" y días después el registro mediante estrellas o fichas. Por supuesto, de usted y su hijo depende el orden de la eliminación de estas instancias.
2. Explique a su niño que el "gran juego" llegó a su fin, y que él resultó ganador indiscutible de la partida, puesto que ya aprendió a dormir solo durante la noche y que esto hace muy feliz a todos. Felicítelo cada cierto tiempo y dormirá en su cama, demostrando ser un niño grande.

Buscar el reforzador que motive a su hijo

Es probable que usted considere que las visitas matinales y la lectura de historietas no constituyan un verdadero reforzador para su hijo o sean poco prácticos dentro de la rutina diaria. Si este es su caso, a continuación se ofrece una lista de reforzadores potenciales, para ser usados como premios aislados o premios que se van a "canjear" en la economía de fichas, así como recursos para detectarlos.

1. Es mejor si su propio hijo puede colaborar comunicándole la recompensa de su preferencia y estableciendo con usted el "valor en fichas" de los premios. Sin embargo, cuide que su elección sea posible de cumplir y que sea un verdadero reforzador.

2. Un pastel, un helado, una bolsa de golosinas, visitas a lugares atractivos (cine, parque de diversiones, la casa de un amigo), invitar a alguien a casa, todas estas situaciones suelen funcionar como excelentes recompensas en programas diseñados para niños.

3. El dinero (en este caso para los mayores) constituye un reforzador a veces muy significativo. No siempre es recomendable tratándose de niños. Su utilización racional en determinados casos puede lograr efectos satisfactorios (por ejemplo: como extra para las horas de recreo en la escuela).

4. El sistema de colocar estrellas y fichas en un cartel visible para el niño cumple el criterio de que la recompensa debe ser otorgada en el instante de aparición de la conducta deseada, por lo que es una forma de reforzamiento en sí mismo. Sin embargo, dado que la estrella o ficha como tales no tienen valor más allá del prestigio de ganarlos y el elogio paterno, es de utilidad asociarlos a otros reforzadores reales y objetivos que le interesen al niño. Por ejemplo: con una estrella o ficha puede "canjear" un helado, con dos, una visita al parque, con tres, un juguete especial, etc.; de acuerdo con la lista antes elaborada entre usted y su hijo.

Algunos consejos alternativos

1. Una señal en medio de la noche. Entre bostezo y bostezo difícilmente puede uno recordar, todo resulta borroso, y por supuesto, los compromisos se olvidan con mayor facilidad. Por eso una señal, cualquiera que sea su naturaleza (un rompecabezas, un juguete didáctico cerca del niño, un móvil, una figura luminosa llamativa) puede ayudar a que el niño recuerde el trato.

2. Evite el cansancio y el aburrimiento. Otorgar exageradamente una misma recompensa puede determinar que ésta sufra un desgaste y pierda su poder real y efectivo sobre la conducta; por tanto, cuide y esté atento a las manifestaciones de entusiasmo o indiferencia que las recompensas provocan en su hijo. Analice también los resultados que vaya teniendo la aplicación de su programa. Cuando sea necesario postergar la entrega del reforzador, comente entusiasmado la "gran hazaña" de su hijo, reconstruyéndola paso a paso. Haga comentarios favorables sobre el acontecimiento con terceras personas, asegúrese de que el niño lo escuche "accidentalmente". No obstante, cuide también de no excederse en aprobaciones y alabanzas, pues el niño puede extrañarse ante un entusiasmo artificial y repetitivo.

ALGUNOS RECURSOS Y MANERAS PARA INICIAR EL TRASLADO DE HABITACIÓN DE LOS MÁS PEQUEÑOS... Y OTROS CONSEJOS

1. Cuando el traslado de habitación afecta intensamente al niño, perturbando su descanso, por la noche, o más, alguno de los padres puede acompañar al niño en su habitación hasta que se duerma.

2. Realice actividades tranquilizadoras en el dormitorio del niño, especialmente antes de la hora de dormir.

3. Procure que el dormitorio del niño sea atractivo, y que él lo sienta suyo; evite cambios bruscos de habitación o modificaciones ostensibles en la misma. Muchas veces existen pequeños objetos que con el tiempo el niño asocia al buen descanso nocturno (almohadas, muñecos, el oso de felpa, o el infaltable y famoso "trapo", que no es más que una sábana o frazada específica).

4. Si el niño llora o reniega al verse solo en la nueva habitación, ignórelo y pronto terminarán los berrinches nocturnos. Desde luego, hay que estar seguros de que el niño se encuentra completamente sano, y no existe nada, además del traslado, que le provoque malestar.

5. Un niño necesita saberse querido tanto por el padre como por la madre, independientemente de su buen o mal comportamiento. Nunca utilice el afecto como recompensa, ni como amenaza. Los componentes afectivos y emocionales del cariño son genuinos, espontáneos y libres.

6. Evite el castigo, los gritos, la amenaza torpe, pues su uso puede traer graves consecuencias.

BIBLIOGRAFÍA RECOMENDADA

Crowther, K. (2005). *¡Scric scrac bibib blub!* Traducción de Anna Coll-Vinent. Barcelona: Corimbo, 2005.

DeBejar, S., Estivill, E. *Duérmete niño: Cómo solucionar el problema del insomnio infantil*. Barcelona: Debolsillo, 2009.

Huebner, D. (2009). *Qué puedo hacer cuando... Me da miedo irme a la cama*. Madrid: TEA.

Kennedy, M. (2004). *Las pataletas: Estrategias para padres desesperados: La hora de dormir*. Barcelona: Océano Ámbar.

Schmitt, B. D. (2003). *Dormir con los padres (compartir la cama)*. Publicado por http://www.thedacare.org/crs/pa/aboutcrs.htm Pediatric Advisor. Disponible en http://www.thedacare.org/crs/pa/pa_bedshare_spg.htm

6

El niño tímido

Blanca G. de Lebl

Un niño tímido tiene casi perdida la batalla por la vida, y si no se le ofrece ayuda para que supere esa dificultad, no sólo perderá muchas de las delicias y travesuras que hacen una niñez feliz, sino que crecerá y se convertirá en un adulto lleno de limitaciones y restricciones que se añadirán a las que ordinariamente existen para todos.

Cuando el niño es muy pequeño, antes de su ingreso a la escuela, cualquier persona que se detenga a observarlo un momento –con mayor razón los padres– advertirá que tiene un modo particular y propio de comportarse. Es frecuente escuchar a dos mamás expresándose así al conversar: "mi hijo es un santo, es buenísimo, no llora nunca", y la otra responde: "¡qué suerte tienes, el mío es un demonio, me va a enloquecer!".

Ciertamente, hay muchos factores que influyen para que un niño sea tranquilo y otro llorón e inquieto. No obstante, a pesar de las diferencias y los atributos propios de cada niño al nacer, *no puede afirmarse que los niños nacen tímidos*; por el contrario, *se les hace tímidos*. Ellos tienen muchas fuentes de aprendizaje, la más notoria es evidentemente la paterna. La forma y los valores de la educación, las experiencias tenidas con personas fuera de la familia, los amigos, los cambios de ambiente, la relación con los hermanos, todas son influencias que se entrelazan sutilmente con las tradicionales formas de manifestación y reproducción de una cultura. Las actitudes personales de la familia y de cada uno de sus miembros –su modo de ser y comportarse– son determinantes y decisivos para que un hijo o hija se vuelva tímido.

En términos generales, un niño se tornará tímido cuando es castigado frecuentemente, cuando es recriminado, ridiculizado o es comparado desfavorablemente con otros; cuando no se le ofrece la oportunidad de expresar lo que siente y piensa. Si no se le permite nunca hablar fuerte y se le regaña por no pensar en los demás antes que en sí mismo, o por desobedecer a los padres, se dañarán su autoestima y la imagen que tiene de sí mismo, encauzándolo de ese modo hacia una posible inseguridad. Las frases con que a menudo se intenta conseguir que los niños se conduzcan por el camino que los adultos quieren ejercen un poder muy grande y una influencia muy marcada. A veces una sola experiencia humillante basta para ocasionar un cambio negativo en el comportamiento del infante. También es frecuente que los padres, por temor a que su hijo se convierta en un engreído, se vuelven incapaces de aceptar o de reconocer objetivamente los pequeños –o importantes– logros de sus hijos, y no hacen manifestaciones de elogios bien merecidos. Insisten más en lo negativo y ponen en evidencia las fallas y errores del niño.

Por otro lado, el exceso de demostraciones de cariño tanto en forma verbal como material, la sobreprotección y los mimos exagerados pueden, asimismo, contribuir y fomentar conductas de timidez e inseguridad, ya que de ese modo se estarían estableciendo condiciones que no permiten al niño probar, experimentar o correr algunos riesgos y valerse por sí mismo.

A veces uno de los padres –o ambos, en el peor de los casos– se ha conducido permanentemente con timidez, por tanto encontrará casi natural que sus hijos actúen de la misma forma. En tales ocasiones, no obstante recordar los sufrimientos innecesarios tenidos durante su niñez y juventud, él –o ella– aceptará con resignación, como algo inevitable, que sus hijos enfrenten las mismas dificultades. También podría ocurrir que tuviera conciencia de no querer para sus hijos las incomodidades, desventajas y ansiedades que él padeció y que tal vez en el momento actual son fuentes limitantes en su capacidad de relación y de trabajo.

QUIERO HACER ALGO PERO... ¿CÓMO?

Las consideraciones anteriores son generalizaciones que por su vaguedad e imprecisión no permitirían, de proponérselo, formular un plan para conseguir que un niño modifique un patrón habitual de conductas tímidas por otro de autoconfianza y decisión.

Gran parte de los problemas que detectamos en nosotros y en los demás se nos presenta como algo confuso e indefinido. Podemos decir, por ejemplo, que somos miedosos, inseguros, inhibidos, introvertidos o tímidos, pero no tenemos una definición clara y precisa; no sabemos a qué nos referimos exactamente hasta que nos preguntan –o nos preguntamos– cuál es el significado de esas palabras. Ante el comportamiento tímido de un niño posiblemente usted diga que "tiene vergüenza de. . .", o que es muy solitario, o que no habla.

Si usted dice "mi hijo –o hija– es tímido", no es lo mismo que si dice "él –o ella– moja la cama". Mojar la cama representa una sola manera de comportarse: o moja la cama o no la moja. En cambio, cuando se trata de la timidez hay varias conductas cuyo conjunto calificarán o no a una persona de tímida. Entonces, resulta elemental e indispensable que, en primer término, elabore usted una lista de todo lo que su niño –o niña– hace o deja de hacer para que usted lo califique como tímido. Escriba cuáles son claramente sus características, conductas y actitudes de timidez. Para ayudarle a precisar mejor esta tarea, ofrecemos algunas posibilidades de comportamiento de los niños tímidos.

Lo que generalmente hace:

- Sólo saluda a sus padres y hermanos.
- Saca la lengua o mueve la cabeza si alguna vez habla.
- Olvida la lección cuando tiene que decirla frente al grupo.
- Habla en susurros con la maestra.
- En casa prefiere jugar solo o mirar la televisión.
- Muchas veces dice "no puedo hacerlo", "eso es muy difícil", "no me va a salir bien".
- Sus compañeritos de escuela le dan órdenes.
- Permanece solo con frecuencia.

Lo que normalmente deja de hacer:

- No mira a la gente cuando le habla.
- No se anima a preguntar la hora a un desconocido en la calle.
- No se atreve a acercarse a niños desconocidos y jugar con ellos.

- No quiere ir a jugar a casa de sus compañeros de clase.
- En la clase y en los recreos no participa en las actividades de los demás.
- No se interesa por los otros, y apenas contesta cuando se le pregunta algo.
- No sabe cuándo le gusta o no le gusta algo.

¿Identifica a su niño en estas maneras de comportarse? ¿Tiene otras? ¿Cuáles? ¿Tiene algunas de estas conductas pero otras no?

Es muy útil contar con un cuaderno pequeño, o una libretita, para anotar todos los pasos del programa destinado a que el niño venza su timidez.

En la primera hoja del cuaderno, o en el cuadro 6.1, escriba la fecha y luego todas las características de timidez que usted ha percibido en su hijo, en términos de lo que hace o no hace.

Cuadro 6.1. Quiero hacer algo, pero... ¿cómo? Mi hijo es tímido.

Fecha: ____________________

Lo que generalmente hace	*Lo que generalmente deja de hacer*

Posiblemente encuentre usted que, pese a considerar a su niño –o niña– tímido, este no hace ni deja de hacer lo que se mencionó en las listas anteriores. En cierta forma, esto vendría a demostrar que no todos entienden la timidez de la misma manera, y además, que no todos los que son considerados tímidos son iguales. La timidez es valorada de diferente modo según el ambiente, las circunstancias, el momento. Puede ser que un niño considerado abierto y sin temores en un país o un lugar determinado, sea visto como miedoso en otro.

Si los miembros de una familia son en general tímidos, verán y calificarán a sus hijos de distinto modo a como lo haría una familia que generalmente no sufre problemas de timidez y cortedad.

Mejor con papel y lápiz

Como ya se ha indicado, lo mejor es llevar un control escrito de todos los pasos del programa; ya sea directamente en las hojas de registro o utilizando éstas como modelo para trabajar en un cuaderno.

Después de completar la descripción de cómo ve a su hijo, discútala con su esposo, con los hijos mayores o con alguna persona que conozca de cerca, y bien, al niño. Al lado de cada descripción ponga si las conductas ocurren "a veces", "casi siempre" o "depende de las circunstancias". Anote detalladamente en el cuaderno o en el cuadro 6.2 cuáles son esas circunstancias.

Este primer paso del programa puede llevarle algunos días. La observación del niño requiere agudizar la propia percepción, poner atención, hacer indagaciones en el ambiente escolar, preguntar la opinión de otras personas y, finalmente, reformular las descripciones. Terminada esta labor, ya está usted en condiciones de preguntarse a sí mismo: ¿cómo me gustaría que mi niño se comportase en su relación con los demás? Dedique otra hoja del cuaderno para escribir, o use el cuadro 6.3. Podrá ocurrir, por ejemplo, que usted deseara que su hijo diga "hola" y estreche la mano de las personas que vienen a casa; que logre hacer amistad por lo menos con dos niños de su escuela; que participe más (con preguntas o aportes personales) en la clase. En fin, haga un esfuerzo de imaginación y visualice cómo desea que se comporte su niño en los diferentes ambientes en que se mueve. Trate de ser específico y concreto.

Y YO… ¿QUÉ TENGO QUE VER EN ESTO?

Es muy importante que los padres –y los maestros– echen una mirada y tomen conciencia sobre la manera como se relacionan con el niño. Aproximadamente durante una semana, mientras prepara la descripción de la timidez del niño y establece las metas que desea alcanzar, reserve una hoja del cuaderno y anote al terminar el día –si no puede hacerlo en el mismo momento– las respuestas a las siguientes dos indagaciones básicas (puede haber dos registros: uno del padre y otro de la madre).

1. Cuando mi *hijo* hace algo bueno, ya sea en casa o en la escuela y yo me entero ¿cuál es mi reacción?, ¿cuáles son mis comentarios?, ¿los hago directamente a él?, ¿indirectamente?, ¿delante de otro familiar?, ¿de otras personas?, ¿qué le digo?, ¿cómo se lo digo?

Cuadro 6.2. Mejor con papel y lápiz.

Fecha: ______________

Descripción	*Siempre*	*A veces*	*Según circunstancias*
1. Mi hijo no levanta la cabeza delante de la gente		✓	
2. Habla poco			Delante de extraños
3. No tiene amigos			En el barrio
4.			
5.			
6.			
7.			
8.			
9.			
10.			
11.			
12.			
13.			
14.			
15.			

Cuadro 6.3. Mejor con papel y lápiz.

Fecha: ____________

Descripción de las conductas deseadas
1. Que salude a las personas (niños-adultos) que vengan a casa
2. Que tenga dos amigos que vengan a casa a jugar con él
3.
4.
5.
6.
7.
8.
9.
10.
11.
12.
13.
14.

2. Cuando mi hijo hace algo malo, es decir, ante un mal comportamiento ¿qué le digo?, ¿qué hago?, ¿cómo lo hago?

Prepare con anticipación el rayado correspondiente en su cuaderno, con encabezados similares a los del cuadro 6.4 (use directamente la hoja del cuadro, si lo prefiere).

Frases como "¿es que no puedes hacer nada bien?", "¡tenías que ser tú quien arruinara todo!", "¡siempre andas haciendo barbaridades!", "a ver, deja que yo termine eso, si no, tú vas a ensuciarlo todo", "¡sólo un tonto como tú puede decir semejantes cosas!", "¡no soy sorda, no me grites!", "pareces un caballo desbocado", son frases que debilitan desde temprana edad la confianza del niño en sí mismo. Por otro lado, si no se resalta ninguno de los modos acertados de comportarse con un: "gracias, hijita, por pasarme el cenicero sin derramar la ceniza", "¡qué bueno que me compraste el diario! y además trajiste completo el cambio", el pequeño no puede descubrir con exactitud lo que se quiere de él.

Cuadro 6.4. Y yo... ¿qué tengo que ver en esto?

a) Cuando el niño hace algo bueno.

Semana ______________				
Días	*Tono de voz*	*Mi reacción (gestos)*	*¿A solas? ¿Hay testigos?*	*Comentarios o expresiones*
Primer día fecha:	Indiferente	Elevo las cejas	A solas	"Bien, ahora vete"
Segundo día fecha:		Sonrío	A solas	No digo nada
etcétera				

b) Cuando el niño hace algo malo.

Semana ______________				
Días	*Tono de voz*	*¿Qué hago?*	*¿A solas? ¿Hay testigos?*	*Comentarios o expresiones*
Primer día fecha:	Gritos	Ademán de pegarle	Delante de los hermanos	"Imbécil, cierra la puerta"
Segundo día fecha:				

Una vez que haya detectado usted mismo las comunicaciones verbales, los gestos y las circunstancias de la relación con su hijo, regístrelas por lo menos durante dos meses usando el mismo formato –señalado ya– y escriba cuántas veces usó comentarios positivos y qué frases empleó para advertirle respecto de los comportamientos que usted no aprueba en él. Quizá pueda notar que ya está eliminando las críticas negativas, pues comprendió cuán demoledoras son, y si se pone a pensar, a usted tampoco le gustaría que se las dijeran a cada rato. Sustituya las expresiones degradantes por frases como: "me gustaría que saludaras a la señora..." en lugar de decir: "qué malcriado eres, no sabes ni saludar a la señora..."; "fue un accidente que volcaras el vaso. Por favor ahora trae un trapo y seca la mesa", en lugar de decir: "¿por qué siempre tienes que hacer cochinadas en la mesa?"; "aprecio tu ayuda, pero en este momento estoy apurada y quiero hacerlo yo sola", en lugar de decir: "¡sal de aquí, me vas a enloquecer...!"; "no me gustan las palabras que empleas para dirigirte a tu madre. Dímelo de otra manera", en lugar de decir: "eres el chico más malcriado que conozco, ¡atreverse a decir eso a su propia madre!". Recuerde, el tono de su voz es muy importante; éste debe ser firme, calmado y lo más neutro posible.

CONSTRUYENDO UNA TORRE CON CUBOS DE AUTOCONFIANZA

El niño se acerca y le pregunta al policía: "¿puedo acariciar a tu perro?" y, aunque el perro mueva la cola, el dueño gruñe: "no, no te acerques". Hay muchas prohibiciones en nuestras sociedades: "prohibida la entrada a personas particulares", "prohibido fijar carteles", "no fume, apague su motor", "prohibido tirar basura", "silencio"... Y esto sólo en lo que respecta a algunas reglas escritas en carteles, pero existen muchas más; reglas que circunscriben el comportamiento humano en una sociedad, prohibiciones, amenazas por incumplimiento, multas, arrestos.

Por fortuna, todavía hay espacios libres donde podemos movernos y actuar. Los niños, en forma natural, lo quieren probar todo y se aventuran por todas partes. Nosotros tenemos que cuidarlos, pero sin exagerar; tratar de que no se hagan un daño físico, pero sin coartarlos innecesariamente con nuestras propias prohibiciones y miedos. En lugar de advertirles: "no corras, te vas a caer", "no vayas, te pueden pegar", "no toques, se pueden enojar", alentémoslos a que se aventuren, tal vez se caigan, sí, tal vez peleen con ellos y se enojen, ya el límite vendrá pronto, pero por lo menos hasta donde se pueda, hay que animarlos, a que pregunten, a que pidan, en el peor de los casos, les dirán que no y con ello, nada se habrá perdido, un reto no los va a dañar si saben que sus padres los apoyan.

BUENO... TRABAJE AHORA CON ÉL

Aproximadamente a la segunda semana de haber iniciado este programa, una vez ya anotados los cuadros 6.1, 6.2, 6.3 y 6.4, durante un fin de semana, o cuando usted esté calmado en casa, o mientras den un paseo tranquilo, llame a su niño y comience una conversación informal y amistosa. Dígale, por ejemplo, que le gustaría hablar sobre las cosas que él sabe hacer bien. De este modo surgirán cualidades que tiene, habilidades, talentos, dones, que usted podría ir anotando en la libreta que ya compró y que regalará a su hijo o hija (puede usar el cuadro 6.5). Este repaso tal vez le lleve a descubrir que su niño:

- Es bueno para el futbol.
- Es un buen estudiante.
- Sabe pintar y dibujar bien.
- Sabe lustrar sus propios zapatos.
- Es bueno para la aritmética o la lectura.
- Muchas veces ayuda a la mamá o al papá.
- Generalmente está alegre.

Incítelo a que él mismo descubra que tiene muchas cosas buenas, cualidades que nadie, ni él mismo, ha advertido, hágalas resaltar. Puede ser que sepa comprar pan cuando se le pide, tender su cama cuando no hay quien se la haga; que tenga buena letra, en fin, cualquier aspecto positivo de su niño.

Como ya se mencionó en párrafos anteriores, no abrigue temor alguno de elogiar su buen comportamiento, el niño no se volverá creído, insolente, ni se negará a seguir aprendiendo otras cosas, ni rehusará ser cada día mejor; él necesita conocer el lado bueno de su forma de ser, desea, como todos, que se le reconozcan sus méritos, especialmente por parte de las personas importantes para él, como son los padres y los maestros.

Las personas tímidas, como es bien sabido, piensan que son mucho menos de lo que realmente son, que valen menos y se humillan, y critican constantemente a sí mismas; les cuesta reconocer sus logros y los atribuyen a circunstancias especiales o los minimizan restándoles importancia. Es muy posible que esto ocurra debido a que en el pasado fueron a menudo criticadas y juzgadas desfavorablemente, y no tuvieron nadie que creyera en ellas, en sus posibilidades, en sus potencialidades.

Tanto el niño como el adulto tímido tienen temor al fracaso, algunas veces debido a que se atrevieron a hacer algo y tuvieron resultados negativos, otras, porque no tuvieron oportunidad de ensayar. Las personas tímidas suelen atribuirse a sí mismas las causas de sus fracasos

Cuadro 6.5. Bueno... trabaje ahora con él.

Fecha: ____________

Yo soy bueno para: ____________________

____

____

____

____

Yo sé hacer bien: ____________________

____

____

____

____

Mis habilidades y talentos son: ____________________

____

____

____

____

Cosas que alguna vez me salieron bien: ____________________

____

____

____

____

y esto hace que disminuya su autovaloración, lo cual quiere decir que se ven y se sienten disminuidas, inhábiles, incapaces; se niegan cada vez con mayor frecuencia nuevas oportunidades de ensayar y aventurarse. El "no puedo" oculta en realidad un "tengo miedo".

Líneas atrás se sugirió que usted hablara con su niño aprovechando un momento de tranquilidad, ello no significa que con una sola vez que se comentan y reconocen los comportamientos que le gustan de su hijo va a ser suficiente para fortalecer su autoestima, elevar el concepto que tiene de sí mismo y conseguir así que comience a mostrarse menos tímido. Usted debe sistemáticamente (es decir, en forma ordenada, consciente, haciendo anotaciones diariamente, semanalmente o cada cierto tiempo) reconocer en forma abierta y con palabras precisas y frases concretas las conductas buenas del niño en cualquier área: logros en la escuela, momentos en que se muestra obediente y trabajador en casa, comportamientos en relación con sus modales y maneras de dirigirse a otras personas. Para que usted se vaya acostumbrando a hacerlo y al mismo tiempo tenga evidencia de que está ejecutando el programa, ayúdese con el cuadro 6.6.

Cuadro 6.6. Bueno... trabaje ahora con él.

Semanas *de:* ______ *hasta:* ______	*1*	*2*	*3*	*4*	*5*	*6*	*7*
Mención de habilidades	//	////					
"Me gustó que..." (lo que hizo)	///	//					
Frases de aliento	/	//					
Lo escuché atentamente	/	/	/				
Otros...	/						

Conviene saber que no es constructivo utilizar la mención de una habilidad, un don o aptitud para hacer críticas. Usted puede decirle a su hijo o hija "tu eres inteligente y capaz de hacer esto (la cosa específica)", pero no: "cómo una chica inteligente como tú no va a poder hacer bien esto".

ESPINACAS Y MÚSCULO

Las personas tímidas, especialmente en la etapa infantil, tienen la apariencia de ser indiferentes, de que nada les importa realmente (parecen preferir que los dejen tranquilos y no los expongan a situaciones nuevas, ni los obliguen a aventurarse o hacer cosas por sí mismos). Muchas veces dan la impresión de que nada les interesa, ni lo que escuchan, ni lo que ven. La mayor parte de padres y maestros de niños tímidos se quejan de que no estudian bien, no consiguen buenas notas y que parecen ir de mala gana al colegio. Se diría que "no tienen vida", y sus pocas manifestaciones de vida las manejan los demás, no sólo los padres, los hermanos, sino también los compañeros de clase.

Todos tenemos una "fortaleza interna" que empleamos al tomar decisiones con respecto a nuestras cosas, nuestros acontecimientos, a lo que tenemos que hacer y a lo que podemos dejar de hacer. Vemos que ciertas personas, grandes y chicos, la emplean desafortunadamente para mandar a los demás, para satisfacer sus deseos "haciéndose los machitos". Esta fortaleza, que en realidad es un poder con el que contamos todos, necesita ejercitarse y alimentarse para que crezca. Cuando los padres ya han comenzado a fortalecer la seguridad y autoconfianza en el niño, pueden enseñarle esto, y ayudarlo para que deje de ser la ovejita mansa y retraída que hace lo que tanto hermanos como compañeros le obligan a hacer; deben estimularlo para que aprenda a poner un límite, a valerse por sí mismo, a modificarse a sí mismo y cambiar su ambiente social.

El niño debe decidir por sí mismo si:

- ¿Hago mi tarea o me pongo a jugar?
- ¿Veo la televisión o juego con el perro?
- ¿Aviso que rompí el florero o me quedo callado?
- ¿Le digo a mi maestra que hice solo mi tarea o que me ayudó mamá?
- ¿Devuelvo todo el cambio o digo que el precio del refresco ha subido?

Organice usted el siguiente juego con su hijo o hija –también puede ser con todos los hijos o todos los alumnos–. Comience diciendo cinco cosas que usted "tiene que hacer", por ejemplo: "tengo que levantarme temprano para trabajar", "tengo que escribir una carta a mi amigo", "tengo que leer el diario", "tengo que lavarme los dientes todas las noches", "tengo que hacer la tarea". Cualquier ocurrencia es buena.

Invítelos ahora a cambiar la frase "tengo que..." por "elijo...". Después que cada uno transformó las frases, pregúntese a sí mismo y pregunte a los niños cómo se sintieron, qué ha cambiado realmente, qué manera fue más fácil. Inmediatamente después dé usted también sus impresiones.

Una vez a la semana indague: "¿qué decisiones tomaste esta semana?", "dime las que te acuerdas. . . ¿alguna otra?" e invite al niño a anotar las respuestas en su propia libreta, como se especifica en el cuadro 6.7.

Sin que suene a sermón, o a conferencia, hable a su niño sobre la manera efectiva de descubrir cuánto poder tenemos. En última ins-

Cuadro 6.7. Espinacas y músculo.

Fecha: Semana del ______________________ al ____________	
Decisiones	*Núm. de veces*
Quedarme en cama media hora	1
Estudiar durante 10 minutos	2

tancia, adultos o chicos, podríamos rebelarnos y no obedecer lo que los padres, la escuela o la sociedad nos manda hacer. Y, efectivamente, existe gente que no cumple, que elige *no* hacer. El darnos cuenta de las cosas que elegimos hacer o no hacer ayuda a tomar decisiones de otro tipo y llevarlas a la práctica, es decir, nos prepara a los individuos a saber poner límite cuando sentimos que se está abusando de nosotros, de nuestro tiempo o de nuestra energía. El niño poco a poco aprenderá a preguntarse a sí mismo: "bueno…, y yo ¿qué quiero realmente¿", "teniendo la alternativa, ¿qué elijo yo¿". No olvide comentar con mucho interés y aprobación las decisiones que su hijo tomó durante la semana. Sea constante y haga esto durante cuatro semanas seguidas, luego vaya disminuyendo y hágalo cada dos semanas, una vez, y así sucesivamente.

JUGUEMOS EN EL BOSQUE

No hay nada criticable en el gusto por quedarse en casa, gozar de la soledad y la tranquilidad de la vida familiar. Los mayores ya hemos elegido nuestros amigos y no queremos aventurarnos a conocer gente nueva; creemos que nuestro círculo social está completo y nos satisface plenamente. Sin embargo, puede ocurrir que llevemos una vida apartada debido a que, en realidad, nos asusta la gente, tememos salir a su encuentro, no hacemos nada por buscar otros contactos; lo impide cierta dejadez, cierta pereza para ejecutar el esfuerzo que ello requiere.

Al notar que nuestro hijo es tímido habría que preguntar, entre otras cosas, si ello no se debe a que no le hemos proporcionado, por un lado, un roce social amplio y, por el otro, un ejemplo de apertura hacia los demás, de disposición hacia nuevos encuentros interpersonales. ¿Qué contactos tenemos con otra gente¿, ¿cuántas veces por semana o por mes nos reunimos con otras familias¿, ¿lo hacemos sólo con parientes¿, ¿conocemos a nuestros vecinos¿, ¿dejamos jugar a nuestros hijos únicamente con los hijos de las parejas que conocemos bien¿

Dé usted el primer paso, hable con su niño y exprésele su deseo de verlo jugar con más niños, con niños diferentes. Hágale saber que invitará a aquel niño o niña que conoció en la fiesta del colegio. Aproveche las reuniones de padres de familia, las horas cívicas. Proponga a otros padres hacer algo para reunir a los niños (día y hora).

Difícilmente un niño, por tímido que sea, rehusará jugar con algún compañerito de clase. Tal vez al comienzo no hable, y se esconda o pegue a las faldas de su madre, pero luego su necesidad social prevalecerá.

En una segunda fase entre en contacto con niños de la vecindad, con hijos de ex compañeros suyos de escuela o de compañeros de trabajo del esposo, llévelos a casa, acepte invitaciones. Vaya a los parques cercanos y anime a su hijo a que hable y juegue con otros niños que estarán allí. Más tarde, cuente al papá cómo su hijito jugó tan lindo, comentando lo que logró. No lo critique, anímelo siempre. Si usted lleva a cabo las sugerencias de los diversos puntos de este programa, paulatinamente su niño irá perdiendo el miedo a la gente.

Prepare por escrito un plan de actividades para una semana o un mes entero, llévelo a cabo y luego registre los resultados.

LOBO, LOBO, ¿POR QUÉ TIENES LA BOCA TAN GRANDE?

Los pequeños tímidos actúan como si algo se los fuera a "tragar", son los corderitos, los cochinitos que se asustan de la gente, pues la ven como a un lobo feroz. Lo importante es que el niño no se vea a sí mismo como un animalito a quien hay que proteger todo el tiempo, sino como lo que es: un niño. Y debe descubrir que sólo él podrá elegir convertirse en una personita en su pequeño mundo, del tamaño que le corresponda según su edad; que es posible aprender a dominar los miedos, a considerarlos como desafíos que al final resulta divertido vencer. Guíelo usted con persistencia, sin desanimarse, a través de todos los pasos sugeridos en este capítulo y conseguirá que su niño entienda que el lobo no era lobo y que él no es un corderito indefenso, y que vea a las otras personas como niños que también están ansiosos de hacer amistades, pero que tal vez tienen los mismos miedos que él.

ESTO RESULTA TAMBIÉN PARA PAPÁ OSO Y MAMÁ OSA...

Los niños poseen un sentido fino y penetrante; si perciben que papá y mamá en el fondo son tímidos, a su vez, la tarea será más ardua, y el programa, de difícil aplicación. ¿Por qué no aprender junto con ellos?, ¿por qué no confesar con sencillez y decir: yo quisiera dejar de ser tímido también, aventurémonos juntos?

Usted –padre, madre o maestra– puede seguir y aplicarse a sí mismo las sugerencias dadas, a manera de experiencia y, luego, o al mismo tiempo, ensaye con sus pequeños.

Todo requiere trabajo y esfuerzo. De nada sirve lamentarse, quejarse con los demás, suspirar, desear que las cosas cambien en nuestra vida por sí solas; para conseguir algo, es necesario dedicar una parte de nuestro tiempo a ello, una porción de nuestra energía. Si lo hacemos adecuadamente, los resultados nos traerán grandes satisfacciones.

Alrededor de los tres meses ya podrá percibir resultados notables en la conducta social de su niño. Haga una evaluación de los progresos, para ello regrese a la página del cuaderno donde anotó lo que quería conseguir de su hijo, ¿en qué puntos tuvo mayor éxito?, ¿cuáles necesitan revisarse e insistir?, ¿qué nuevos objetivos se propone ahora?

BIBLIOGRAFÍA RECOMENDADA

Monjas Casares, M. I. (Dir.). (2007). *Cómo promover la convivencia: Programa de Asertividad y Habilidades Sociales* (PAHS). Madrid: Cepe.

____ (2001). *La timidez en la infancia y en la adolescencia*. Madrid: Pirámide.

____ (2007). *¿Mi hijo es tímido?* Madrid: Pirámide.

Monjas Casares, M. I. y Caballo, V. (2009). "El niño tímido y retraído" en G. Aguilar (Dir.). *Problemas de la conducta y emociones en el niño normal*. México: Trillas.

Moraleda, Mariano. *Educar en la competencia social*. Alcalá: CCS

Segura, M. y Arcas, M. (2007). *Relacionarnos bien: Programa de competencia social para niños y niñas de 4 a 12 años*. Madrid: Narcea.

Zimbardo, P. G. y Radl, S. (2001). *El niño tímido: Cómo superar y prevenir la timidez desde la infancia*. Buenos Aires: Paidós.

7

El manejo de la conducta agresiva en los niños

Luis A. Recinos y Andrea Musso de Licht

En los capítulos anteriores, y de hecho a todo lo largo de esta obra, diferentes autores analizan de manera general algunas de las razones que se encuentran en el origen de conductas consideradas a menudo como conductas problema; al mismo tiempo, dan pautas para que los padres interesados y motivados puedan aplicar, solos y sin ayuda profesional, los programas correctivos propuestos para eliminar, o al menos controlar, dichas conductas. Sin embargo, puede suceder que en ciertos casos no se obtengan los resultados esperados; entonces es necesario recurrir a un profesional calificado para su solución. Los padres que se encuentren ante esa situación no deberán sentirse defraudados o frustrados. Pero el hecho es que hay ciertos problemas de conducta tan fuertemente arraigados que se tornan difíciles de cambiar. Y así como dice aquel adagio "al árbol torcido ya no hay quien lo enderece", así algunas conductas problemáticas tienden a hacerse inmutables, sobre todo cuando no se interviene a tiempo y cuando las situaciones del ambiente donde se vive tienden a valorar y fortalecer dichas conductas.

La agresividad es una de estas conductas que son problemáticas tanto por los efectos que generalmente tiene en la vida familiar y social, por lo extremadamente popular y admirada –esto lo puede juzgar el lector con sólo ver la cartelera cinematográfica y los recientes eventos de ataques en escuelas y universidades por parte de estudiantes–, así como por lo reacia que es a cualquier tipo de tratamiento –según lo demuestra el alto índice de reincidencia criminal–. Es acerca de ella que trata el presente capítulo.

Un par de observaciones antes de entrar en materia. Observando los lineamientos y los propósitos de este libro, aquí se discutirá acerca de las conductas agresivas que se encuentran comúnmente en niños y adolescentes normales; quedan excluidas a propósito, por ejemplo, aquellas que acompañan estados psicóticos o de deficiencia mental profunda o patrones de delincuencia y criminalidad clara. En estos casos, como se mencionó con anterioridad, sólo un profesional competente estará capacitado para determinar el tratamiento adecuado.

También queremos compartir con el lector un punto de vista muy personal, que se manifestará, sin duda, en las ideas que se expresarán más adelante. En primer lugar, creemos firmemente en el potencial que todo ser humano tiene para cambiar y para adaptarse. El hecho de que existan conductas difíciles de modificar no significa que sean imposibles de cambiar. Esto lo decimos porque como padres, al enfrentar una conducta perturbadora en nuestros hijos, a menudo abandonamos todo esfuerzo para encauzarla en mejores direcciones, escudándonos detrás de un "así es él", –o ella–, "así nació", "no se puede hacer nada", encogemos los hombros. Sin saberlo, con frecuencia es precisamente este comportamiento de nuestra parte el que sirve para mantener o incrementar la conducta indeseada. Así que, aun cuando existan fundamentos inherentes a la persona (biológicos, hereditarios, genéticos), es importante considerar que la posibilidad de aprender una nueva modalidad de comportamiento existe, que se puede conseguir un cambio en la dirección más apropiada.

En segundo lugar, coincidimos con aquellos que, sin negar los efectos posibles de la herencia, afirman que la mayor parte de nuestra manera de ser y de comportamos es resultado de las experiencias que conforman nuestra vida.

Imaginemos un niño recién nacido. ¿Cuán agresivo o agresiva es? Veámosle a los seis meses de edad ¿será agresivo?, ¿y esas sonrisas y esos balbuceos que hace al vernos? Juega con sus manos y muestra interés hacia todo lo que lo rodea. Bien, ahora veámoslo más tarde, a los ocho, 10, 14, 16 o 20 años. Le gusta martirizar al gato y matar pajaritos; le pega a sus compañeros y patea a sus padres; roba un automóvil y asalta a una viejecita. ¿Cómo pudo suceder esto? ¿Será que ya estaba programado y fatalmente predestinado a ello? ¿O será, más bien, que sucedió algo entretanto que lo llevó a manifestar esas conductas y no otras?

En lo personal –y hay muchos datos que apoyan este punto de vista–, creemos que los patrones de conducta agresiva son resultado de experiencias de aprendizaje. Y si es cierto lo anterior, entonces se concluye lógicamente que por medio de otras experiencias de aprendizaje estructuradas de manera adecuada es posible modificar y eliminar dichas conductas, sustituyéndolas por otras, que sean menos destructivas y más adecuadas socialmente.

¿QUÉ ES UNA CONDUCTA AGRESIVA?

Parece tarea fácil definir en qué consiste una conducta agresiva, pero, de hecho, es todo lo contrario. La mayor parte de nosotros creemos ser muy claros cuando nos referimos a Juanito como un niño muy agresivo, o a nuestro vecino como un agresivo vendedor. Igualmente, creemos ser precisos al afirmar que en la vida es necesario ser agresivo para sobrevivir o cuando decimos que la agresión a mano armada debe ser castigada.

Si reflexionamos un momento sobre lo anterior, veremos que aunque el término utilizado es más o menos el mismo (agresión, agresivo, agresividad), su carga valorativa difiere marcadamente según el contexto. Analizando de manera cuidadosa tales expresiones vemos que en unos casos la conducta agresiva parece ser valorada positivamente, mientras que en otros casos tiene el sentido opuesto. De aquí se deriva uno de los problemas fundamentales para la definición de qué es lo que constituye una conducta agresiva. En realidad, la mayor parte de las conductas consideradas socialmente inaceptables, por ejemplo la delincuencia, el juego, la toxicomanía, la prostitución, a menudo involucran un juicio de valor de la persona que las define. A ello se debe que individuos considerados *desviados* por un grupo social con ciertos valores no es considerado como tal por los miembros del grupo a quien se aplica el término.

Es fácil para nosotros pensar acerca de ciertas culturas primitivas de África y de Oceanía en términos de "salvajes" e "incivilizados"; sin embargo, ellos no se ven a sí mismos como tales. De manera similar, con respecto a la conducta agresiva, se puede observar que el calificativo de "agresivo" se aplica no tanto debido a la conducta manifestada por el individuo agresivo propiamente dicha, sino según los efectos que ésta produce en el observador. Si lo que Juanito dice o hace me incomoda y molesta, y me siento amenazado, entonces diré que su conducta es agresiva.

La evidencia arrojada por múltiples estudios sugiere que a conductas iguales, jueces que mantienen sistemas de valores distintos tenderán a juzgarlas de maneras diferentes. A menudo se toman en cuenta otros elementos, como son la situación en la cual se manifiesta la conducta y la intencionalidad atribuida a ella. Así, por ejemplo, si Pedrito tiró de las trenzas a Susanita, lo juzgaremos como agresivo. Pero si sabemos que lo hizo para recuperar los chocolates que ella le había sacado de la bolsa, entonces diremos que tenía razón y el mismo acto –tirar de las trenzas a Susanita– se verá como menos grave. Y si al platicar con Pedrito nos enteramos de que él sólo quería bromear con su compañera, entonces suspiramos aliviados y olvidamos el asunto. Por otra parte, si Pedrito se muestra furioso y nos confía que él quería arrancar el pelo a Susanita y hacerla sufrir, entonces nos asustamos y decimos que Pedrito sin duda es un niño muy agresivo. Si nos fijamos bien, veremos que en esta operación se ha dado un salto un tanto peligroso, pues luego de referimos a su conducta como agresiva, hemos pasado a denominarlo un niño agresivo. Con el cambio del verbo *hacer*, o *actuar*, por el verbo *ser*, estamos considerando al niño como innatamente agresivo y, por tanto, como si tuviera una tendencia o un rasgo de personalidad que lo predispone a ser agresivo. Entonces, el verbo *ser* limita la posibilidad de cambio, por lo que es mejor indicar que Pedrito y/o Susanita presentaron conductas agresivas, o actuaron de forma agresiva, más allá de decir que "son agresivos", trasmitiéndoles el mensaje de que pueden cambiar.

Para evitar este error, algunos psicólogos sugieren que es mejor diferenciar entre la conducta agresiva manifiesta, las causas o motivos que la producen y las condiciones situacionales que la mantienen. Así, por ejemplo, para poder juzgar si verdaderamente una conducta agresiva puede considerarse como tal y si habrá de evaluarse como un problema que amerita intervención, tenemos que considerar el contexto en el cual se produce, los valores de las personas que la juzgan, la intensidad de la conducta, el sexo de la persona en cuestión, su clase social, su nivel cultural, etc. Como se puede apreciar, son muchos y diversos los criterios utilizados para definir una conducta como agresiva. Saber lo anterior es importante para no emitir juicios apresurados respecto de nuestros hijos o de sus amiguitos, etiquetándolos erróneamente como niños agresivos y tratándolos en consecuencia. Algunos sectores sociales sostienen que la agresividad es reprochable, puesto que produce daño a la sociedad y es manifestación de algún problema serio; otros sectores afirman que la conducta agresiva es loable, sobre todo en los varones. De hecho, en nuestras sociedades latinas es muy fácil encontrar que al niño varón se le empuja hacia la agresividad, la cual es considerada como un signo de masculinidad. Lo contrario ocurre en las niñas, a ellas se les dirige hacia la pasividad, pues se considera que las conductas agresivas son poco femeninas.

Hemos considerado necesaria esta larga discusión para dejar claro que definir la agresión es más complicado de lo que parece, y para prevenir a los padres lectores de este capítulo contra la tendencia a juzgar precipitadamente a sus hijos y ponerles la etiqueta de agresivos; se verá que lo que comúnmente llamamos agresión no es exactamente lo que observamos en nuestros hijos. Por agresión, algunos psicólogos entienden cualquier conducta llevada a cabo con el propósito expreso de producir daño. Con base en esta definición, es evidente que muchas conductas, incluyendo algunas que son violentas en extremo, no llenan el criterio. Ello es importante dado que nuestro propósito es discutir acerca de cómo lidiar con conductas violentas en niños normales. Dentro de este orden de ideas redefiniremos agresión como *cualquier conducta violenta que tenga un valor utilitario para la persona.* Excluyendo los casos en que se busque hacer daño a otra persona. Por "valor utilitario" entendemos aquello que sirve al sujeto para obtener estados u objetos agradables para él; lo que utiliza para remover obstáculos que le impiden lograr sus metas, y para eliminar estados de cosas que le son desagradables o irritantes, así como todas aquellas conductas con que demuestra su desacuerdo o enojo. Evidentemente, no estamos pensando en una sola conducta agresiva que se generaliza a una infinidad de situaciones.

Creemos –y en ese sentido va nuestra argumentación– que las conductas agresivas son diferentes entre sí, y producidas por factores situacionales específicos. La conducta puede ser expresada de forma verbal, como las palabras soeces y ofensivas, y en forma no verbal (física), como golpes, jalones de pelo. De ese modo, podríamos considerar como respuestas agresivas hacer un berrinche, escupir la sopa, azotar la puerta cuando se ha denegado permiso para ver la televisión, patear, golpear con los puños, gritar o decir palabras soeces; romper objetos, pelear con los compañeros, etc. Excluimos conductas mediante las cuales el sujeto busca hacerse daño a sí mismo, como golpearse la cabeza contra la pared y otras conductas automutilantes. Estos casos requieren la inmediata intervención de un psicólogo o psiquiatra competente. También se excluyen casos de jóvenes que se dedican a asaltar a mano armada, a golpear y martirizar animales o a otros seres humanos. De nuevo, estos casos de delincuencia indican trastornos de conducta más serios y por ello deberán ser enviados a los centros psicológicos, psiquiátricos o correccionales correspondientes.

También cabe decir que, recientemente, ha crecido la frecuencia de manifestación de un proceso de agresión que merece una mención. Este es el caso de los cuadros de *bullying* (acoso, en español). Son las situaciones que, generalmente enmarcadas dentro del círculo o contexto escolar y académico, han culminado con asesinatos y suicidios. En este tipo de agresión, varios factores se combinan para configurar un cuadro en el que una "víctima" es acosada de forma sistemática, agredida verbal y/o físicamente, por un agresor que suele contar con el consentimiento de otros. Este fenómeno repercute de forma profunda tanto en la víctima como en los seguidores del agresor y en los testigos presenciales. El agresor puede ser un ejemplo de desarrollo de cuadros psicopáticos, cuando no una expresión de la poca consideración que la agresión suele recibir del entorno social. Como ya se mencionó, la agresividad suele ser popular y, en varios contextos sociales, es admirada y reforzada.

¿CÓMO SE DESARROLLA LA CONDUCTA AGRESIVA?

Entenderemos mejor algunas de las propuestas que se hacen más adelante para controlar la agresividad, si exploramos antes algunas de las causas más comunes de dicha conducta.

Algunos teóricos sostienen que la agresividad es innata, que tiene sus raíces en nuestra propia naturaleza biológica, y que es adaptativa, ayudando a nuestra sobrevivencia como especie y como individuos. Desde este punto de vista, se confiere a la agresividad un valor positivo, e intuitivamente, podemos tal vez estar de acuerdo con él. Después de todo, es esta agresividad lo que ha permitido a la especie humana luchar contra animales feroces y corpulentos; contra los rigores y obstáculos de la naturaleza (fríos, tormentas, etc.). En todas estas lides, el ser humano ha sabido vencer y ha sobrevivido. Desde el punto de vista negativo, es esta misma agresividad la que ha dado cuenta de millares de búfalos y de la extinción total de ciertas especies, de la caza exagerada de focas y ballenas, de la destrucción del medio ambiente, así como de incesantes guerras que han llevado al sacrificio de innumerables grupos humanos, algunos ya desaparecidos. Por otro lado, se ha sugerido que debido a razones genéticas, algunos individuos nacen con tres cromosomas. Un cromosoma es un componente de las células que dan origen a un nuevo ser. Entre los humanos, el cromosoma Y determina el sexo del varón, y el cromosoma X, el de la hembra. En relación con los casos a que nos referimos, se ha encontrado que algunos de los individuos cuya conducta ha sido socialmente considerada como agresiva y peligrosa y, por tanto a menudo se encuentran en cárceles y prisiones, hay un cromosoma Y de más; de manera que en lugar de tener un cromosoma X y un Y, tienen un cromosoma X y dos Y.

De ahí que estos individuos sean conocidos como "supermachos", y dado que la agresividad se considera característica natural del varón, se concluye que estos "supermachos" son necesariamente "superagresivos". Nótese que en este caso la agresividad es considerada como algo intrínseco al individuo y, por tanto, nada hay que éste pueda hacer al respecto, con lo cual se le exime automáticamente de su propia responsabilidad, excluyendo, de paso, la posible influencia de factores socioculturales. Este punto de vista es muy controvertido y para nuestros propósitos queda descartado.

Existe otra hipótesis muy difundida entre psicólogos y público en general: es la llamada hipótesis de la frustración y la agresión. Según ésta, al presentarse una situación que de algún modo produce un estado de frustración en el individuo, la agresión se manifiesta automáticamente como una respuesta natural. Este punto de vista sostiene que la agresión es una conducta no aprendida y que no depende de ninguna manera de otras influencias situacionales o culturales. Además, quienes mantienen esta posición afirman que para evitar la agresión, se necesita, por una parte, no frustrar nunca al niño y, por otra, la expresión agresiva para sacar toda esa energía. Lo primero no sólo es prácticamente imposible sino tampoco recomendable, pues cierto grado de frustración es normal en la vida de todos y hay que aprender a manejarla. Y más aún, parece ser que el sentimiento de valor y estima personal a menudo aparece como resultado de la lucha cotidiana con cierto grado de oposición. Individuos que nunca se han enfrentado con la frustración, se desmoronan fácilmente la primera vez que algo se les niega. Puede decirse que existen diferentes niveles de tolerancia a la frustración, y un nivel que actúa de forma positiva, como propulsor de la acción. Y, en cierta medida, es aconsejable enseñar, y si se puede, aprender a tolerar la frustración, para facilitar al individuo un desempeño adaptable y funcional en la convivencia social. Y lo segundo, contrario a lo que podría esperarse, no hace sino confirmar y perpetuar el valor de la conducta agresiva. Valga el dicho popular, "la violencia solamente genera más violencia", por lo que tal liberación puede resultar en una escalada de agresividad, lejos de un apaciguamiento de la misma.

Numerosos estudios realizados sugieren que una situación frustrante no necesariamente tiene como resultado la agresión. Por ejemplo, al quitar a un niño el privilegio de ver televisión después de las 6 de la tarde, lo cual es frustrante para él, pues los programas que más le interesan comienzan a esa hora, se observará que algunos niños tal vez respondan agresivamente, pero no todos. Unos llorarán, otros tratarán de persuadir a sus mayores con argumentos lógicos, otros simplemente obedecerán, otros aceptarán de buena gana, otros de mala gana. Algunos se ocuparán de inmediato en otras actividades, y otros quizá se entristezcan. En todo caso, es claro que la frustración produce conductas distintas en individuos distintos y no una respuesta única y generalizada. ¿Cómo puede explicarse lo anterior? Pues bien, puntos de vista más recientes postulan que las conductas agresivas generalmente son aprendidas por medio de una gran variedad de mecanismos. Algunos de ellos parecen ser más importantes que otros; aquí sólo mencionaremos los que a nuestro juicio se cuentan entre los más poderosos y comunes.

a) Modelamiento

Esta postura sostiene que la mayor parte de los niños aprende a comportarse de manera agresiva imitando los modelos que se le presentan a lo largo de su desarrollo. Entre los más importantes, tanto por lo que representan para el niño, como por el efecto de primacía que ejercen, se encuentran los padres. Se ha observado que niños con manifestación de conductas agresivas siguen muy de cerca patrones de conducta de sus padres. Es decir, somos nosotros quienes con nuestro ejemplo, nuestras actitudes y consejos, moldeamos las conductas de nuestros hijos. Algunos estudios señalan que niños con comportamiento agresivo en la escuela son muy pasivos y obedientes en casa; ello se debe a que sus padres les inculcan el ser machos "de verdad" en la escuela y a "no dejarse", castigando al mismo tiempo rigurosamente cualquier manifestación de agresividad o desobediencia en casa; ello sugiere que, en el fondo, tales niños, lejos de ser agresivos, son obedientes, pues sólo siguen las enseñanzas de sus padres. Pero es necesario considerar también la posibilidad de que respondan con retraimiento y miedo a la excesiva carga de agresividad del hogar, por lo que reservan la expresión de la misma en otros ambientes, donde se sienten más seguros y menos amenazados de la consecuencia de tal conducta, que ha sido modelada en casa.

Pero no son los padres los únicos modelos. Hay en nuestras sociedades abundantes fuentes de conducta agresiva que imitar. En primer lugar se encuentra la televisión. Tanto en programas para niños como para adultos pululan figuras heroicas cuyo poder radica en la violencia y en la agresividad que manifiestan. Al parecer, el mensaje es que sólo existe una manera de triunfar y obtener lo que uno quiere: la agresión y el despojo. Maleantes y policías, ladrones y detectives, ejecutivos y presidentes de grandes corporaciones, todos comparten algo en común: la agresividad.

Otra fuente de modelos, relacionada con la televisión, es el cine. Una ojeada a la cartelera de un conjunto cinematográfico muy respetado de la ciudad de Guatemala mostraba los siguientes títulos: "Asesinato", "La guerra del hierro", "Terror en la ciudad" y "La ciudad del terror", todas exhibiéndose simultáneamente en las cuatro pequeñas salas; allí se mostraban imágenes de individuos armados hasta los dientes con una gran variedad de instrumentos de muerte y destrucción (en una de ellas se ve a un sujeto colocando una pistola en la nariz de la víctima, empujándola hacia adentro y hacia arriba con toda la violencia del caso). En otras salas aledañas podían verse los titulares siguientes: "Los puños de la muerte", "La ballena asesina", "Violento y salvaje".

Por otra parte, la reciente escalada de videojuegos (virtuales o no) ha permitido que los niños se identifiquen y adopten como modelo a héroes de prototipo agresivo. Así, además de existir un modelo, existe la capacidad de actuar como tal, ya que los juegos son interactivos. En estas circunstancias no es raro que nuestros hijos tengan una tendencia marcada hacia la agresividad.

b) Grupos de pares

Como resultado de su proceso de desarrollo, un día los hijos comienzan a abandonar el hogar y pasan a formar parte de sus pandillas o círculos de amistades; entonces, es común que sus compañeros les inciten a llevar a cabo actividades de índole agresiva. El reconocimiento social y la admiración que produce en sus pares el comportarse agresivamente, a menudo permite a los individuos lograr sus deseos, trátese de objetos materiales, dinero, poder, reconocimiento, control, obediencia, o bien eliminar barreras y obstáculos, o terminar con provocaciones de todo tipo, etcétera.

Es tal vez duro de aceptar, pero la cultura contemporánea en la que estamos inmersos valora, ya sea explícita o implícitamente, la conducta agresiva. Además, como esta conducta por lo general produce estados desagradables e incómodos en muchos de nosotros, al enfrentarnos a ella tendemos a ceder con mucha facilidad con tal de salir pronto de esa situación, lo cual no hace sino confirmar a la persona agresiva el valor y el poder de su conducta. En esta línea, el proceso de acoso ha logrado existir y perpetuarse. Lejos de identificar al agresor y trabajar sobre estas conductas y la presión de grupo que ejerce sobre los seguidores (que lo suelen seguir por miedo a ser ellos la víctima), se suele sacar de contexto a la víctima. Esto envía un mensaje de tipo agresivo: lo mejor es aprender a actuar agresivamente, o se es "rechazado" y tratado como inadaptado social. Lo funcional es ser impositivo, agresivo (nótese el verbo, ser).

Esto nos lleva a postular un tercer factor que explica la conducta agresiva, para lo cual es preciso utilizar el término un tanto técnico, que los psicólogos llaman "reforzamiento". Decimos que un reforzador es cualquier objeto, evento, conducta o situación que tiene la característica de funcionar como un premio o una satisfacción hacia la conducta manifestada. Ilustremos esto con un ejemplo concreto. Si para terminar con el berrinche de Pepito, que dura ya más de 10 minutos y nos tiene desesperados, cedemos al final y le permitimos que siga sentado frente al televisor, lo que en realidad estamos haciendo es premiar su conducta de berrinche para obtener lo que quiere. Si cedemos de manera sistemática a sus berrinches, no debe sorprendemos que nuestro Pepito se torne berrinchudo. Después de todo, él no es nada tonto y rápidamente se da cuenta que para ver televisión, no hacer los deberes, obtener su postre, o más tarde, un automóvil último modelo o un viaje a Europa, no hay nada mejor que hacer un buen berrinche. Luego, hemos conseguido reforzar la conducta de berrinche, lejos de haberla extinguido.

Es curioso cómo muchos de nosotros estamos produciendo en nuestros hijos las conductas agresivas que consideramos indeseables. El hecho es que esas conductas nos llevan a un estado tal de desesperación, que somos capaces de hacer cualquier cosa para que cesen, y por ello mismo, las estamos fortaleciendo. Debido a eso, en los programas que ofrecemos más adelante hemos de comenzar por hacer un análisis de conciencia, y preguntamos qué estamos haciendo nosotros para obtener esas conductas indeseadas en nuestros hijos.

En todo caso, sabemos que una vez que la conducta agresiva ha sido aprendida, puede mantenerse indefinidamente por medio de múltiples y variados reforzadores. De éstos, los más comunes son el reconocimiento social, el prestigio que otorga en nuestra cultura el "ser agresivo", concesiones especiales, y la obtención de bienes materiales deseados. Pero a veces –y esto hay que tenerlo presente– la agresividad del niño tiene el propósito de recibir atención de sus mayores. Es muy común observar que cuando un niño solicita la atención de sus padres por medios perfectamente válidos y razonables, éstos no se la dan. Entonces el niño comienza a subir el tono de sus demandas y a tornarse agresivo y es cuando al fin nos fijamos en él y en sus demandas, respondiéndole con un ¡basta!, ¿a ver, qué diantres quieres? Es decir, generalmente respondemos cuando la conducta del niño se ha tornado intolerable para nosotros. Puede considerarse que ha rebasado nuestro nivel de tolerancia a la frustración, de la que hablamos antes. En este caso, aunque nuestra contestación sea en sí desagradable y penosa para el niño, éste ha conseguido su objetivo inicial, ya que, después de todo, nos hemos fijado en él y le hemos respondido. Por ello, encontramos que en muchos casos el niño lleva a sus padres a la desesperación, sin importarle el regaño o el castigo, los cuales mal que bien, significan al menos que se le tome en cuenta. Y ese reconocimiento, ese ser tomado en cuenta por alguien tan importante como los padres –o alguna otra autoridad valorada– es uno de los reforzadores más poderosos que existen.

ENTONCES… ¿QUÉ HACER?

En esta última sección se plantearán algunos lineamientos acerca de cómo lidiar con las conductas agresivas de nuestros hijos.

Primer programa: Identificación de sus conductas habituales

Primer paso

Para empezar, usaremos el principio conocido como "afecto recíproco". Por este término se entiende nuestra manera de responder en cantidad e intensidad afectiva similar a la que se nos ofrece. Así, una agradable sonrisa nos hace responder con una sonrisa del mismo tipo, mientras que un insulto nos lleva a insultar en reciprocidad.

Cuando su hijo(a) se muestra agresivo ¿cómo responde usted? Si su respuesta es igualmente agresiva, entonces su primera tarea consistirá en tomar conciencia de ello, de manera que la próxima vez que ocurra, usted ya no responderá de modo parecido. Registre esto en la Hoja de respuestas núm. 1 (p. 108).

Segundo paso

Ahora que ya se han identificado las formas habituales de comportamiento hacia algunos de sus allegados, puede comenzar a introducir los cambios deseados.

En primer lugar, remítase a la Hoja de respuestas núm. 2 (p. 110). Anote ahí todos los episodios de conducta agresiva manifestados por sus hijos (una hoja para cada uno de ellos en caso de ser necesario). Anote también la fecha en que inició el procedimiento, así como sus respuestas características. Haga esto por lo menos durante una semana o dos, así obtendrá la información inicial contra la cual podrá comparar los cambios obtenidos más adelante.

Ahora identifique usted sus nuevas formas de conducta y para que no se le olviden, anótelas en la Hoja de respuestas núm. 3 (p. 110). Por cada conducta no agresiva que logre identificar, dése una felicitación o un premio, o haga algo que le proporcione mucha satisfacción (puede ser eso que ha estado posponiendo para "otra ocasión" o "hasta que..." o "para más tarde"). Prémiese ahora; se lo merece.

Tercer paso

En la Hoja de respuestas núm. 4 (p. 111), haga lo siguiente: escriba en la primera columna la fecha en que ocurrió el episodio de conducta agresiva. En la segunda columna escriba detalladamente en qué consistió y asígnele un numeral del 1 al 5, indique si a su juicio fue débil, mediano, fuerte, muy fuerte o de exagerada intensidad. Anote también en la columna apropiada cómo se sintió, cuál hubiera sido su respuesta habitual (columna 5), cuál fue su nueva respuesta (columna 6) y cómo se sintió al haberla llevado a cabo, y así sucesivamente. Continúe durante dos o tres semanas y luego cuente la frecuencia de los episodios agresivos manifestados por su hijo(a) durante la primera operación, y compárelos con la frecuencia observada durante el periodo de la implantación de sus nuevas respuestas. ¿Hay diferencias?

Si acaso le resultara verdaderamente imposible modificar sus respuestas y la interacción continua inmutable, entonces consulte a un especialista y explore su propia conducta. Recuerde, lo importante es que, al lograr este cambio en su patrón de respuesta a la conducta de su hijo, está usted no solamente cambiando el refuerzo de la conducta agresiva en él, sino que también está modelando una nueva forma de conducta, más apropiada y asertiva (es decir, adecuada por cuanto a estímulo, contexto e intensidad).

Segundo programa: ¿Y de la tele y juegos, qué?

Durante varios días observe cuáles son los programas de televisión que ve su niño, y los videojuegos o juegos en Internet, y considere lo siguiente: ¿cuántas horas de televisión ve su hijo diariamente? En un programa dado, ¿cuántos episodios de agresividad y/o de violencia ocurren? Haga lo mismo con los juegos.

Luego, piense y medite respecto de lo siguiente: ¿Es lo que usted verdaderamente desea que vean sus hijos? ¿Por qué?

Para ayudarle en esta tarea, remítase a la Hoja de respuestas núm. 5 (p. 112), y responda proporcionando la información que ahí se solicita. Su tarea consiste en colocar una palomita (✓) debajo de la columna *f* (frecuencia) por cada vez que aparezca uno de los eventos aquí listados. Debajo de la columna marcada *i* (intensidad) coloque un número, del 1 al 3 según lo amerite el episodio (si es de baja, media o fuerte intensidad). Un análisis minucioso de las respuestas le dará mucha información. Si usted encuentra que tales programas de televisión y juegos no son convenientes para sus hijos, entonces cámbielos y permítales ver aquéllos en donde no hay agresividad; comente y critique las soluciones agresivas; alabe y apoye a quienes razonan y a las soluciones no agresivas. Existen otras opciones de programas y juegos, por lo que su tarea será convencer a los niños de probar otros aspectos conductuales que, además de ser divertidos, son más pertinentes a la búsqueda asertiva de soluciones a los problemas que, a largo plazo, son de beneficio para la convivencia en sociedad.

Tercer programa: Eliminación por ignorancia

Como se mencionó con anterioridad, a veces sucede que el niño se torna agresivo con el propósito de llamar la atención. Esto podrá modificarse si tomamos en cuenta lo siguiente:

Primero: ¿Responde a las demandas, a las necesidades genuinas de sus hijos dentro de un lapso razonable, o responde hasta que ya no soporta la insistencia de ellos? Esto es importante, ya que la única solución posible es evitar que el niño se vea obligado a actuar agresivamente para que se le escuche y se le atienda. Por tanto, es necesario que usted modifique su conducta y su actitud hacia el niño, considerándolo como una persona que merece su atención y respeto genuinos.

Segundo: Si se presenta una conducta agresiva de las consideradas como "no dañinas para él" (gritar, patalear, azotar puertas, romper alguna que otra cosa sin mucho valor), lo mejor que se puede hacer es ignorarlo; y déle toda la atención, cariño y aprecio del mundo en el instante mismo que la conducta cese.

Tenga en cuenta las siguientes observaciones:

1. Lo más probable es que al principio de la intervención la frecuencia y la intensidad de sus manifestaciones agresivas aumenten. Eso es normal y cabe esperarlo. Al fin y al cabo, ahora usted de verdad está ignorando sus bravatas (rabietas).

2. Para que el procedimiento sea eficaz, el premio (la atención, la consideración) tiene que venir en el instante mismo que la conducta cesa, o unos pocos segundos después, pero no debe tardar demasiado; de otra manera el procedimiento será ineficaz.

3. Recuerde: lo mejor es evitar que el niño llegue a comportarse agresivamente, dándole la atención merecida antes de que eso suceda. Prevenir es mejor que tener que corregir.

4. Eliminar una conducta indeseable de nada sirve si al mismo tiempo no se muestran al niño formas más adaptativas de comportamiento. Por tanto, es imperativo que se le enseñen las maneras adecuadas de solicitar lo que necesita y premiarlo por ello. He aquí la enseñanza y el aprendizaje de la conducta no agresiva de tipo proactiva.

5. La conducta del padre deberá ser sistemática y consistente. De otra manera –es decir, si a veces le pone atención y a veces no–, obtendrá exactamente los efectos contrarios y la conducta se hará más difícil de eliminar. Si siente que está por perder la calma y volver a actuar de la forma que no desea hacerlo, pruebe contar hasta 10 (o 100, si prefiere), inhalar y exhalar, relajarse y luego, con más autodominio, actuará de forma sistemática y consistente.

Tercero: ¿cómo hacerlo?:

1. Escoja primero qué aspecto de la conducta agresiva desea eliminar. Entre más específico sea, mejor. En ningún momento crea, ni piense, que va a poder cambiar la totalidad de la conducta del niño en todas las situaciones y para siempre.
2. Escoja el sitio en donde hará la intervención. Por ejemplo, si la conducta agresiva que desea eliminar es en el hogar, entonces concéntrese ahí. No es recomendable ignorar la conducta agresiva si ésta se manifiesta en un restaurante u otra situación social, debido a las consecuencias indeseables que ello trae.
3. Elija conductas sustitutivas cuyo control usted tenga y que puedan ser premiadas fácilmente.
4. Tenga consistencia en las dos opciones: ignorar las conductas agresivas, y premiar las no agresivas. Recuerde, la primera opción elimina la conducta agresiva, pero la segunda es la que asegura que exista otra opción de acción, para lograr el cambio conductual.

Cuarto programa: Modelamiento simbólico

A los niños en edad escolar dedíqueles suficiente presencia y compañía. Invente alguna historia con muñecos en la que se presente una situación de conflicto o de insatisfacción, y presente soluciones opuestas, en una, los muñecos pelean, se golpean, lloran y se rompe el juguete (ambas partes pierden) y en otra, se presentan la cooperación y el intercambio (ambas partes ganan).

A los niños mayores pídales primero que describan una situación que típicamente les lleva a comportarse con agresividad. Ordene luego las situaciones irritantes partiendo de las menos molestas hasta las más incómodas. Ahora ayúdeles a actuar y a vivenciar dichas situaciones buscando y practicando soluciones que excluyan la vía agresiva.

En resumen, las diferentes estrategias que puede usted utilizar son las siguientes:

1. Una vez identificadas sus propias respuestas agresivas, cámbielas (si tiene problemas para conseguirlo consulte a un psicólogo).

2. Analice los programas de televisión que ve el niño y los juegos interactivos a los que tiene acceso:

   a) Cambie los programas agresivos.
   b) Haga comentarios críticos de los modelos agresivos de la televisión.
   c) Alabe a los que razonan.

3. Ignore la conducta ligeramente agresiva, no dañina para él ni para otros (gritar, patear objetos, azotar la puerta, etc.).
4. Refuerce la conducta amable, colaboradora, etcétera.
5. Enséñelo a discutir sin pelear (véase cap. 12).
6. Si la conducta agresiva excede cierto límite y/o es dañina para él u otros, entonces es recomendable que consulte a un especialista.

Por último, es necesario recordar que la conducta de los niños puede ser poderosamente controlada y regulada mediante premios y modelos que, a veces sin darse cuenta, les proveen los adultos, la sociedad y la cultura en general. Así, es importante que aprendamos, como padres, a modelar conductas asertivas, soluciones de problemas adecuados y de tipo proactivo, a no discriminar por género ("los niños pueden ser agresivos, las niñas no"), ni preferencia sexual, ni raza, ni variable alguna. Desde pequeño se le puede enseñar al niño a adoptar un curso de acción en el que la agresividad esté presente solamente en la medida en que sea la opción pertinente (por ejemplo, en defensa personal, en casos extremos) y, siempre, en una forma que no resulte dañina para otros, ni para él. No lo olvide, buena parte de la solución está en sus manos.

Hoja de respuestas núm. 1

Las maneras más habituales y características de comportarme cuando me siento frustrado, molesto o enojado son las siguientes:

1. Con mi cónyuge:

   a)
   b)
   c)
   d)
   e)

f)
g)
h)
i)
j)

2. Con mis hijos:

a)
b)
c)
d)
e)
f)
g)
h)
i)
j)

3. Con mis empleados, subalternos y/o jefes:

a)
b)
c)
d)
e)
f)
g)
h)
i)
j)

4. Con mis amigos:

a)
b)
c)
d)
e)
f)
g)
h)
i)
j)

5. Conmigo mismo:
a)
b)
c)
d)
e)
f)
g)
h)
i)
j)

Hoja de respuestas núm. 2

Fecha del episodio	*Conducta manifestada por mi hijo*	*Cómo me sentí*	*Mi respuesta habitual*

Hoja de respuestas núm. 3

Las nuevas conductas que habrán de sustituir a mis conductas habituales son las siguientes:
a)
b)
c)
d)
e)
f)
g)
h)
i)
j)

Hoja de respuestas núm. 4

Fecha de inicio	*Conducta manifestada por mi hijo*	*Valor 1 a 5*	*Cómo me sentí*	*Mi respuesta habitual*	*Mi respuesta sustitutiva*	*Como me sentí*
Fecha de cambio						

Hoja de respuestas núm. 5

	Lunes	*Martes*	*Miércoles*	*Jueves*	*Viernes*	*Sábado*	*Domingo*
Hora inicio programa/hora termina							
Nombre del programa:							
Tema principal:							
Frecuencia de actos agresivos	f/i	f/i	f/i	f/i	f/i	f/i	f/i
a) amenazas							
b) castigos corporales							
c) gritos							
d) golpea con los puños							
e) golpea con los pies							
f) golpea con instrumentos							
g) rompe							
h) destruye							
i) atenta contra la propiedad de otros							
j) atenta contra la vida de otros							
k) roba							
l) mata							

Tiempo diario frente al televisor: ________________

Tiempo total por semana frente al televisor: ________________

BIBLIOGRAFÍA RECOMENDADA

Aguilar, G. (2002). *Problemas de la conducta y emociones en el niño normal: Planes de ayuda para padres y maestros*. México: Trillas, 1a. ed.

____(2009). *Problemas de la conducta y emociones en el niño*. México: Trillas, 2a. ed.

Chávez, M. A. (2002). *Tu hijo, tu espejo*. México, Grijalbo.

____(2008). *Hijos tiranos o débiles dependientes*. México: Random House Mondadori.

Faber, A. y Mazlish, E. (2004). *How to talk so kids will listen and listen so kids will talk*. Nueva York: Harper Collins Publishers.

Huebner, D. (2007). *What to do when you temper flares: A kids guide to overcoming problems with anger*. Washington, D. C.: Magination Press.

Shapiro, L. (2001). *La inteligencia emocional en los niños*. Madrid: Punto de Lectura.

Verdick, E. y Lisovskis, M. (2002). *How to take out the Grrr out of anger* (*Laugh and Learn*). Nueva York: Free Spirit Publishing.

Los padres, el niño y la mentira

Ximena Iturralde de Sánchez de Lozada
y Guido Aguilar

La mentira es un motivo de preocupación para los padres; con toda razón ellos se alarman cuando comprueban que sus hijos recurren frecuentemente a la mentira. Uno de los fines de la educación es enseñar a los niños a ser honestos. El programa que sigue será de ayuda para que enseñe a sus hijos a ser veraces, encontrando gusto en ello.

Para evitar la mentira es necesario empezar por identificar el motivo por el cual el niño está mintiendo. Las circunstancias que originan la mentira son importantes y es necesario investigarlas, para que los adultos puedan ayudar a los niños a superar este defecto.

¿POR QUÉ MIENTEN LOS NIÑOS?

La mentira puede originarse en: *a*) una incapacidad para distinguir entre realidad y fantasía; *b*) puede también reflejar miedo a un padre castigador; o bien, *c*) ser producto de la necesidad de sentirse más importantes ante padres y/o compañeros.

Como se ve, los motivos que originan la mentira pueden ser distintos y variados. En este capítulo se analizarán únicamente los tipos de mentira mas frecuentes e importantes, y se propondrán algunas opciones para poder eliminarlas. Aquí trataremos las mentiras de los niños que quieren llamar la atención, de los que tienen miedo al castigo, de los fantasiosos, así como algunas de las formas más frecuentes en las que los padres inducen a sus hijos a decir mentiras.

MENTIR PARA LLAMAR LA ATENCIÓN

Los niños necesitan atención, sea la de sus padres o la de sus amigos. Cuando no la reciben, en ocasiones recurren a la mentira o a la exageración, creyendo que es una buena manera de lograrla. Siendo esta una de las causas más frecuentes de la mentira, los padres deberían preguntarse si el motivo por el que su niño miente es la falta de atención. No necesariamente va a serlo.

Mentir para llamar la atención de los padres

Los niños necesitan mucha atención y afecto; cuando sienten que no lo tienen, ponen en práctica una infinidad de recursos para lograrlo: unos hacen berrinches y pataletas, otros se portan agresivamente o no cumplen con sus tareas, otros fingen enfermedades, y muchos mienten o exageran.

Cómo saber si su niño(a) miente para llamar la atención. Analice la relación con su hijo y conteste con toda sinceridad las siguientes preguntas:

1. Cuando su niño le habla ¿usted lo escucha con atención y verdadero interés?
2. ¿Dedica usted diariamente un tiempo para hablar y escuchar a su hijo?
3. Cuando el niño miente o exagera ¿le presta atención? Si usted actúa de alguna de las siguientes maneras, estará prestándole atención por mentir: regañándolo, alarmándose, castigándolo, corrigiéndolo, amenazándolo con avisar a papá, riendo y comentando con otros adultos sus mentiras o exageraciones.
4. ¿Tiene usted otros hijos a quienes dedica más tiempo y atención, ya sea porque son más pequeños, porque son enfermizos o porque son más vivarachos?

Si usted respondió afirmativamente a una o más de estas preguntas, es muy probable que su niño esté mintiendo para llamar la atención. En este caso ponga en ejecución el siguiente programa.

Cómo prestar más atención al niño y eliminar sus mentiras

1. Siempre que el niño hable y usted crea que está diciendo la verdad, escúchelo con mucha atención y responda muy interesado a su conversación. Es importante interesarse de verdad en lo que él dice, no sólo en apariencia. Recuerde que lo que el niño le cuente es importante para él.
2. Si el niño está mintiendo o exagerando, simplemente dígale: lo que dices no es cierto y tú lo sabes. Inmediatamente aléjese del lugar y no le preste más atención durante un tiempo, hasta que le diga cualquier otra cosa que sea cierta. No se enoje, sólo aléjese de él. Actúe con naturalidad. Si se disculpa, acepte las disculpas.

Mentir para llamar la atención de los amigos

Cuando el niño no tiene recursos o atributos para sobresalir y ser importante ante sus amigos, es muy probable que recurra a la mentira y a la exageración con tal de llamar la atención. También es probable que el niño mienta si tiene amigos mentirosos.

Cómo detectar si el niño miente ante sus amigos. Observe a su hijo cuando esté reunido con sus amigos y responda lo más objetivamente posible a las siguientes preguntas:

1. ¿Tiene recursos distintos a la mentira para lograr la atención de sus amigos? (como ser buen estudiante, buen atleta, poseer buenos juguetes, etc.).
2. ¿Es su hijo una persona de prestigio ante sus amigos? Es probable que sea un niño de prestigio ante sus compañeros si cumple con una o varias de las características siguientes:

   - Lo toman en cuenta al jugar.
   - Lo buscan y llaman con frecuencia.
   - Están los otros niños en interacción constante con él.
   - Le hacen caso cuando propone actividades o juegos.

3. ¿Son esencialmente veraces los amigos que su hijo frecuenta? Hágales algunas preguntas con el fin de verificarlo; y pregúnte-

selo discretamente a sus madres. Si respondió positivamente en tres o cuatro de los anteriores, su hijo no está mintiendo por llamar la atención. Pase a la sección de "Mentir por miedo al castigo".

Si respondió negativamente una o más de las preguntas, es muy posible que el niño mienta ante sus amigos; entonces usted puede poner en práctica el siguiente programa:

Cómo ayudar al niño a ser veraz con sus amigos. Si el niño no tiene un recurso distinto a la mentira para sobresalir ante sus amigos, empiece por buscar la manera de decírselo. Algunos ejemplos útiles son los siguientes:

1. Enséñelo a tocar algún instrumento musical, o a bailar, pintar, cocinar; sugiérale que practique karate o algún otro deporte; déle juguetes de moda, organice viajes o excursiones con él, o también con sus amigos (si es posible). Algo muy útil es enseñarle cómo ser hábil en las relaciones interpersonales (también puede poner en ejecución el programa incluido en cap. 6). El destacarse en un área determinada le ayudará al niño a ser una persona importante en algún aspecto ante sus amigos.
2. Organice juegos en los que se premie a los niños que den respuestas veraces y correctas. Las respuestas que no correspondan a la verdad deberán recibir algún tipo suave de castigo.

Invente variantes del juego de la verdad. Éste podría consistir en poner a los niños en círculo y pedir que cada uno haga una pregunta al otro. Luego se juzga si la respuesta es cierta y el grupo elige un premio para cada uno de los niños (dulces, chicles, revistas, aprobación, aplausos, etc.). Si la respuesta no es cierta, se buscará un castigo adecuado (como saltar en la cuerda durante dos minutos, dar prendas, tirarse a la piscina, salir del juego momentáneamente, correr alrededor de la manzana, mojarse con agua fría la cabeza, etc.). Este tipo de juegos puede favorecer que el grupo considere un valor positivo decir la verdad y negativo decir mentiras.

Si el niño miente y ha quedado descartada la posibilidad de que lo haga para llamar la atención, considere el segundo tipo de causas por las que los niños mienten.

MENTIR POR MIEDO AL CASTIGO

Es raro que un niño mienta siempre. La mentira suele presentarse generalmente sólo en ocasiones especiales y específicas, y ante determinadas personas (mamá, papá, maestro). Algunas veces los niños mienten porque han aprendido que en ciertas circunstancias no se les permite o no les conviene decir la verdad, por ejemplo cuando dicen la verdad sobre una falta cometida y se les castiga. Entonces aprenden a ya no decir la verdad.

Las personas aprenden a decir la verdad o a mentir según las consecuencias que esta alternativa les reporta. Quienes reciben aprobación y reconocimiento por decir la verdad aprenderán a ser veraces. Pero si al decir la verdad se le castiga, el niño aprenderá a mentir por distorsión (alterando la realidad en su relato), o por omisión (no contará aquello que no le conviene).

Por ejemplo, si un niño dice a su madre que odia a su hermanito, y ella se enoja y le pega o lo regaña, lo está castigando por decir la verdad. Entonces el niño reacciona y dice a su madre que adora a su hermanito (aunque no sea cierto), y como recompensa ella le da una sonrisa, un abrazo o un beso. ¿Qué conclusión saca el niño de tal experiencia? Que la verdad trae problemas y no conviene decirla; que es preferible decirle a la mamá lo que ella quiere escuchar y no lo que él siente y piensa de manera auténtica.

El miedo a las consecuencias de la verdad es una de las razones que los niños tienen para mentir. Solamente si el niño aprende que no será castigado por decir la verdad, entonces puede fácilmente elegir por sí mismo.

Un niño que encuentra difícil decir la verdad, pero la dice, debe estar seguro de que nuestra reacción será más favorable de lo que sería si hubiera mentido. De esta manera, verá el beneficio de hablar con la verdad. Lo anterior no quiere decir que por haber confesado esté automáticamente libre y absuelto de lo que hizo mal, sino que debe tener claro que el haber dicho la verdad le traerá menos problemas que si hubiera mentido.

Cómo saber si su niño miente por miedo a ser castigado. Responda sinceramente las siguientes preguntas:

1. ¿Regaña, castiga o pega al niño cuando le confiesa una travesura (romper un objeto, faltar a clases, romper o perder una prenda de vestir)?

2. ¿Reacciona usted contra el niño cuando le cuenta que tiene algún problema en el colegio (no entiende las lecciones, pelea con profesores o compañeros)?
3. ¿Regaña, castiga, pega o agrede al niño cuando le confiesa algún sentimiento o comportamiento negativo (enojo, rabia, odio)?
4. Cuando el niño le hace a usted –o a cualquier miembro de la familia– una crítica con fundamento, ¿lo desautoriza, lo ataca, se enoja o destruye su lógica?
5. ¿Deja pasar la mentira sin decir nada aunque sepa que el niño está mintiendo para evitar un castigo?

Si respondió afirmativamente una o más de estas preguntas, es probable que el niño esté mintiendo por temor al castigo; si este es el caso, ponga en ejecución el programa siguiente:

Cómo eliminar el miedo al castigo y ayudar al niño para que sea veraz.

1. Cada vez que el niño confiese haber cometido una travesura, haga lo siguiente:

a) Dígale que se alegra y que está orgulloso de él por decir la verdad. Demuéstreselo.
b) Haga que el niño repare o solucione su travesura (si manchó la alfombra, que la limpie; si perdió su saco, que lo busque; si rompió un objeto, que lo pegue, aunque ya sólo sirva para echarlo a la basura). No lo obligue, convénzalo de buena manera para que solucione el problema.
c) Aclárele con precisión que si no hubiera dicho la verdad, además de reparar el daño, hubiera tenido un castigo adicional (no salir el fin de semana, quedarse sin postre, etc.).
d) Si usted se da cuenta de que no dice la verdad, inmediatamente hágalo reparar el daño ocasionado (pegar el objeto roto), y aplique el castigo adicional (quítele todos sus juguetes por un día completo). Antes de hacerlo trate de que diga la verdad. Si lo hace, no lo castigue, de acuerdo con lo explicado en los incisos *b* y *c*.

Evite en lo posible pegarle, pues con ello sólo conseguirá que el niño le tenga miedo.

2. Si el problema que le cuenta su hijo está relacionado con el profesor o sus compañeros de colegio, le recomendamos hacer lo siguiente:

a) Escuche atentamente su versión de lo ocurrido.
b) Vaya al colegio para aclarar el problema.
c) Si es una mentira, hágale ofrecer disculpas al profesor.
d) Si es verdad, ayúdelo a solucionar el problema; hágale sentir que usted lo apoya.

3. Cada vez que el niño le confiese algún sentimiento negativo escuche con mucha atención; es normal que los niños (al igual que todos) tengan este tipo de sentimientos hacia algunas personas.

Si el niño siente que es escuchado podrá "descargar" parcialmente su enojo, disgusto o sentimiento, lo cual actúa de manera terapéutica; esto le ayudará a aceptar sus sentimientos como algo natural, sin desarrollar sensaciones de culpa.

4. Si el niño hace críticas a la familia, es conveniente escucharlo con atención, pues refleja su sentimiento y pensamiento auténticos. Si la forma en la que lo dijo es hiriente, enséñele que hay formas más suaves y cariñosas de hacer una crítica. No destruya ni ataque su espíritu crítico, ya que éste es algo definitivamente valioso en la vida. Ayúdelo a usar esta habilidad en críticas constructivas, a buscar y proponer soluciones a lo que critica.

5. No pase por alto las mentiras: lo adecuado es hacerle notar que no es cierto lo que está diciendo y nosotros lo sabemos, e inmediatamente inducirlo a que diga la verdad. Entonces hay que escucharlo de manera atenta, aplicando los pasos antes mencionados; hágale comprender que es mejor decir siempre la verdad, y decirla lo más pronto posible. Reconozca su sinceridad; dígale: sé que ha sido duro para ti reconocer tu error, pero te felicito; ahora veamos qué podemos hacer con el problema.

Si facilitamos a los niños decir la verdad y les recordamos que la mentira trae más problemas que ventajas, les estaremos enseñando a ser sinceros y veraces, de ese modo obtienen un importante valor para toda la vida.

MENTIRA POR FANTASÍA

Mentiras que dicen verdades. En ocasiones los niños mienten para compensar de ese modo lo que les falta en la realidad. Las mentiras dicen verdades sobre miedos y esperanzas, revelan lo que a uno le gustaría ser o hacer. La información que se obtiene de la mentira puede usarse para ayudar al niño a distinguir entre lo que es real y lo que él desea que sea verdadero; y a los padres para entender mejor lo que el niño quiere y necesita.

A veces los padres creen que el niño está diciendo mentiras cuando simplemente está compartiendo fantasías vívidas y excitantes. Lo malo es que cuando castigan la imaginación o la fantasía, de manera indirecta le están enseñando a guardar las cosas para sí mismo, o bien coartando su imaginación y capacidad creativa.

¿Cómo distinguir las fantasías de las mentiras? Es probable que el niño esté mintiendo si cumple con uno o varios de los requisitos siguientes:

- Cambia o distorsiona de algún modo un hecho que, a usted le consta, es diferente.
- Añade a sus relatos elementos que no ocurrieron.
- Omite elementos importantes al contar lo ocurrido.
- Niega haber hecho algo que en realidad hizo.
- Inventa algo que no ocurrió, con el fin de evitar un castigo.

Por el contrario, es fantasía si cumple con uno o varios de los requisitos siguientes:

- Juega con un amigo imaginario.
- Inventa historias que él mismo sabe que son invenciones.
- Crea situaciones, historias o personajes mientras juega.

Imaginar y fantasear es sano para el niño, conviene incluso estimular la imaginación jugando con muñecos. A través de los juegos los niños expresan sus sentimientos y la forma en que ven el mundo. Conviene estimularlos en momentos determinados para que tengan fantasías dirigidas, en vez de "fantasear" todo el día.

A continuación expondremos una de las formas más frecuentes en la que los padres inducen a sus hijos a decir mentiras.

PREGUNTAS QUE PROVOCAN MENTIRAS

Para un niño el ser descubierto haciendo algo malo es mucho peor que el miedo a decir una mentira, y a menudo, en ésta encuentra una "solución" fácil para salir del problema.

La madre encuentra huellas de chocolate aplastado, migas de galleta en la alfombra, muebles y corredores que llevan directamente al dormitorio del niño, quien sabe perfectamente que comió las golosinas de manera indebida, pues, además de que tiene prohibido comer fuera de hora y mientras camina por la casa, lo hizo sin pedir permiso. ¿Estaría bien que la madre en este momento pregunte a su hijo si ha comido los chocolates y así tentarlo a que mienta? Lo mejor es aprovechar la oportunidad para desarrollar la honestidad del niño, en lugar de ponerle trampas para que mienta. Si en ese momento le pregunta sobre los chocolates, su hijo puede creer que es preferible negar la falta, e incluso culpar a otro. Lo mejor en este caso es no tentarlo a mentir y sólo decirle: olvidaste pedir permiso para comer galletas y chocolates, y también olvidaste que está prohibido caminar comiendo. Esto lleva al niño a ser honesto y admitir su error, cometido más por olvido que por engaño. Los padres no deben hacer preguntas que obliguen al niño a decir mentiras defensivas. A los niños les atemoriza ser interrogados por sus padres, especialmente cuando sospechan que éstos ya conocen la respuesta y sólo esperan su confesión para castigarlos. Además, las preguntas con trampa los hacen inseguros y los empujan a escoger entre una mentira mal hecha o una embarazosa confesión.

Veamos otro ejemplo. Un niño rompió el carrito nuevo que le regaló el papá y lo escondió en el sótano. El padre, al encontrar los restos, empezó con preguntas que llevaron a un conflicto al hijo: ¿dónde está tu carrito nuevo? No te he visto jugar con él. No sé donde está, respondió el hijo. ¡Encuéntralo, quiero verlo!, exclamó el padre; tal vez alguien se lo robó, respondió el hijo defensivamente. El padre, descontrolado, dijo: ¡eres un mentiroso, lo rompiste y si hay algo que yo odio es un chico mentiroso!; y a continuación le dio tal paliza que el niño nunca la olvidó. Esta fue una batalla innecesaria ya que en lugar de jugar al detective, el padre pudo haber ayudado al niño diciéndole: encontré tu carrito nuevo en el sótano y vi que estaba roto... no ha durado mucho, y es una pena porque era un juguete muy bonito y caro. Así el niño hubiera aprendido algunas lecciones valiosas: mi papá me comprende; le puedo contar mis problemas con confianza y sin que me castigue; debo tener más cuidado con lo que me regala.

Si el niño ha comido galletas de la caja prohibida, no hay que hacerle preguntas como éstas: ¿alguien comió las galletas de la caja?, ¿por casualidad tú viste quien las sacó?, ¿comiste tú algunas?, ¿estás seguro? Preguntas de este tipo generalmente no hacen otra cosa que empujar al niño a mentir. La regla es que *cuando sabemos la respuesta no debemos hacer la pregunta.* Es mejor decir directamente: hijo, comiste galletas que te había dicho que no comieras; estoy enojado y decepcionado contigo. Me molesta que desobedezcas.

HONESTIDAD DE LOS PADRES

Muchas veces sin pensar ni darnos cuenta enseñamos a mentir a nuestros hijos; esto sucede cuando no podemos o no queremos hablar con la persona que nos llama por teléfono; instruimos al niño: di que no estoy y él, ingenuamente responde: mi mamá dice que no está. La madre –o el padre– se enoja, lo corrige y enseña que la próxima vez diga: mi mamá ha salido. Entonces, además de enseñarle a mentir, le enseña a hacerlo bien y con exactitud. Es imprescindible ser muy honesto al tratar con los hijos, pues para ellos nada hay más importante en su vida que los padres, y si notan que éstos actúan de manera deshonesta –ya sea ante ellos o ante los demás– pueden asumir que ese es el mejor camino para conseguir sus propósitos o al menos que es una opción válida.

En ocasiones los padres se olvidan de las promesas que hacen. Cuando el niño dice: pero mamá, tú dijiste..., a menudo la madre trata de defenderse negando que dijo tal o cual cosa. En ese caso, si no existe absoluta seguridad de su parte, lo adecuado es responder: no recuerdo haber dicho eso, pero si tú lo dices, te creo, debo haberlo dicho.

La verdad es una evidencia, un clima familiar que debe respirarse para asimilarla junto con otras enseñanzas.

Veamos otro aspecto importante: un niño que dijo una mentira no debe quedar señalado para siempre, o ser sospechoso de mentiras futuras. Con toda sinceridad, el padre puede decir al hijo que ha mentido en el pasado: realmente quiero creer lo que me estás diciendo ahora, pero tuve un desengaño ayer, cuando te creí y resultó que era mentira. ¿Puedo realmente contar contigo ahora?

Si el niño admite la mentira, o ha sido sorprendido en ella, nunca se le debe hacer prometer que no mentirá la próxima vez. En cambio, sí debe comprender que uno está muy decepcionado, pero que le agradará siempre que le diga la verdad. Debemos hacer sentir a nuestros hijos que tenemos confianza en ellos: confío en que irás a la cama a la hora debida, ahora que nosotros estamos saliendo. Es muy importante que el niño sepa que creemos y confiamos en él, en su habilidad de ser honesto y bueno. De ese modo, aumentará su deseo de convertirse en la persona que esperamos que sea. Asimismo, es importante que él se sienta orgulloso de ser honesto y veraz. La confianza entre padres e hijos es fuente inagotable de beneficios, hay que estimularla. Conviene adoptar una posición en la que se respete y escuche constantemente al niño, y tener disposición de ayudarle en sus problemas, éxitos o fracasos.

Cuando un niño miente, nuestra reacción debe ser calmada y realista; nuestro niño debe aprender que no es necesario ser víctima de la mentira.

El niño que confía en sus padres encontrará siempre grato y fácil decir la verdad.

BIBLIOGRAFÍA RECOMENDADA

Baum, H. (2003). *No he dicho ninguna mentira: Cómo tratar la mentira y la verdad*. Barcelona: Oniro.

Ekman, P. (2010). *Cómo detectar mentiras en los niños*. Buenos Aires: Paidós.

Valdeavellano, M. (2010). *El sapo mentiroso*. Guatemala: Piedra Santa.

TERCERA PARTE

El sexo y el nacimiento

9

Adiós a la cigüeña o cómo enfocar la educación sexual en los niños

María Teresa Zilveti Humeres
y Guido Aguilar

INTRODUCCIÓN

En este capítulo se brinda ayuda y apoyo a los padres para que el trabajo de informar a los niños acerca de los aspectos sexuales del ser humano les sea más fácil.

En la antigüedad no se daba mayor importancia al sexo, ni se le repudiaba ni se le condenaba, era considerado como normal. Ello se debía a que hombres, mujeres y niños hacían un mismo trabajo y estaban juntos la mayor parte del tiempo. Luego, se fue diferenciando el trabajo para hombres y mujeres, lo cual trajo consigo el considerar a los niños muy aparte de los adultos. Una vez surgida esta diferencia, se dividieron también las actividades y los conocimientos dentro de los cuales se incluía al sexo, considerado como exclusivo de los adultos; por tanto, los niños no debían mostrar ninguna señal de sexualidad, pues esto se condenaba. Sin embargo, el pequeño es curioso por naturaleza, y se interesa tanto por la exploración del mundo que lo rodea, como por la manipulación y exploración del cuerpo humano. Esta curiosidad general es normal, es parte del conocimiento necesario que los lleva a querer saber cada vez más sobre sí mismos y el mundo que los rodea, y tarde o temprano los conduce también a una exploración de sus propios genitales.

Los adultos tenemos prejuicios y normas rígidas que a menudo nos impiden ser espontáneos. Y resultaría absurdo querer inculcarles a nuestros hijos estas mismas normas que muchas veces sólo reflejan limitaciones y prejuicios.

AUTOANÁLISIS DE LOS PADRES Y CONCEPTOS GENERALES

Como padres, es necesario tomar conciencia de lo que significa para nosotros el sexo, así como de los prejuicios que hacia él tenemos. Conviene aclarar con el cónyuge todos los malos entendidos posibles, y ponerse de acuerdo en los aspectos más importantes. Si ustedes, padre y madre, no lo han hecho, consideren y aclaren esto:

- ¿Qué relación existe entre los aspectos sexuales y sus creencias religiosas y morales?
- ¿El sexo es o no natural? ¿Por qué?
- ¿Las relaciones sexuales deberían o no ser utilizadas con fines de reproducción únicamente?
- ¿Son convenientes las relaciones sexuales premaritales?
- ¿Qué opinan sobre la desnudez?
- ¿Es conveniente o no que los niños vean desnudos a sus padres?
- ¿La masturbación es normal, anormal o una etapa transitoria?
- ¿El rol sexual de la mujer debe ser activo o pasivo?
- ¿Debe o no controlarse la natalidad? ¿Cómo?
- ¿Cuál es su posición en relación con el divorcio?
- ¿Cuál es su posición en relación con el aborto?

También es importante que analicen la actuación de sus padres ante ustedes en relación con el sexo, y qué repercusiones favorables o desfavorables trajo. En este sentido piensen en lo siguiente:

- ¿Qué les dijeron sus papás sobre las relaciones sexuales?
- ¿Qué les prohibieron en relación con el sexo?
- ¿Que les permitieron y aceptaron?
- ¿Los castigaron alguna vez por algo relacionado con el sexo?
- ¿Se burlaron de su sexualidad de alguna manera?
- ¿Les permitían estar desnudos?
- ¿Era permitido ver niños o niñas desnudos?
- ¿Era permitido ver adultos desnudos?
- ¿Cuál era su posición sobre el sexo y la religión?

- ¿Consideraban a la mujer como supeditada al hombre?
- ¿Y qué de todo esto persiste en ustedes hasta la fecha?

Una vez realizado un sincero y profundo autoanálisis, ustedes estarán listos para aprender de los errores y no volver a cometerlos con sus hijos. El siguiente paso consistirá en hablar con su cónyuge para ponerse de acuerdo respecto de lo que se le va a enseñar al niño, cómo, dónde y cuándo. Un error antiguo muy frecuente era que el padre hablaba a los hijos varones, y la madre hacía lo mismo con las hijas. No dividan la educación sexual; denla ambos a todos los hijos.

¿CÓMO HABLARLE AL NIÑO?

Es recomendable contestar las preguntas del niño de manera sencilla, directa y siempre con la verdad, ya que esto refuerza la seguridad y confianza que él tiene en sus padres. Por tanto, no se considera adecuado contestar a la pregunta: ¿de dónde vienen los niños? con un rápido: los trae la cigüeña, o respuestas similares. Es preferible comenzar dando explicaciones comparativas con plantas o animales, siempre al alcance de su comprensión. De esta manera, la información sexual se irá dando paso a paso, y se evitará el momento en que deba romperse de golpe con todos los "cuentos" y decir la "verdad" al niño.

Hemos conocido varios casos extremos en este sentido. En uno de ellos, la madre quiso explicar las verdades de la relación sexual a la hija el día anterior a su boda. Naturalmente, la hija ya lo sabía todo, e incluso había tenido relaciones sexuales desde varios años atrás. En otro caso, un adolescente tenía relaciones sexuales con su novia y los compañeros de colegio le habían "averiguado" que el periodo no fértil en la mujer era entre los 10 y 20 días después de la menstruación (es decir, el periodo más fértil). Desde luego, el resultado fue que la muchacha quedó embarazada. El problema en ambos casos estuvo en que no existió una instrucción sexual adecuada y oportuna.

Proporcionar la información correcta, de manera paulatina y desde el principio, es más armonioso y natural, tanto para los padres como para los hijos, y no acarrea conflictos de ninguna especie.

Naturalmente, no es conveniente dar información que el niño no esté capacitado para entender, ni dejar de darle información sólo porque él no la ha requerido. Con el fin de ayudar a los padres en este aspecto, se incluye al final del presente capítulo una guía general de lo que deberían saber los niños sobre el sexo, según su edad.

¿QUÉ ENSEÑAR EN LA EDUCACIÓN SEXUAL?

Para empezar con su educación sexual, los niños deben considerar su cuerpo como algo bueno. Y esto no podrán lograrlo si sus padres muestran disgusto, en vez de aceptar con naturalidad que los niños jueguen con sus genitales, exploren sus cuerpos, o efectúen juegos sexuales infantiles en general, observando cierto límite.

No hay que olvidar que la educación sexual consiste en ayudar al niño dándole un ejemplo constante de armonía familiar y conyugal, para que pueda ir relacionando el sexo con sus propios sentimientos y comportamiento, de manera que pueda vivir satisfactoriamente con los demás y consigo mismo. Desde luego, siempre es recomendable dar cierta información de modo más explícito.

Dentro del factor *qué enseñar* desarrollaremos brevemente algunos de los aspectos más importantes que el niño debe aprender.

1. Diferencias sexuales

- Los niños tienen un pequeño tubo por donde orinan que se llama pene. Más adelante, el pene también sirve para depositar el semen en la vagina de la mamá.
- Las niñas tienen un pequeño agujero que se llama uretra y les sirve para orinar. Tienen además otro orificio llamado vagina, que más adelante sirve a la mamá para recibir el semen del papá. Cuando el niño nace, sale por la vagina.

2. Embarazo y nacimiento

Dentro de la mamá hay unas como semillitas que se llaman óvulos, las cuales, al unirse con otras que salen del pene del papá, forman una especie de huevo que se llama embrión, que es de donde se desarrollan los niños. El embrión se transforma en feto y va creciendo en un lugar especial adentro de la mamá, el cual se llama útero y queda debajo del estómago. A medida que va creciendo, crece también el vientre de la mamá. Cuando está listo para poder vivir afuera, el niño nace, pero necesita los cuidados y el amor de los padres. Si el niño pregunta por dónde salen los bebés, puede explicársele de manera sencilla, diciendo que cuando el niño nace se dilata la vagina y por allí sale el niño.

Naturalmente, a medida que el niño crece y está en condiciones de entender más y mejor, la explicación será más completa. Recuerde que no es suficiente explicar estos conceptos una sola vez, sino cada ocasión que el niño pregunta... y si no pregunta es porque no se atreve a hacerlo, no porque no piense en ello. En ese caso, acérquese más al niño, déle confianza y/o pregúntele si sabe cómo nacen los niños.

3. Relaciones sexuales

Llevados por el amor que ambos se tienen, el hombre coloca su pene dentro de la vagina de la mujer, y esto les produce mucho placer. Además, como resultado de esto, en ocasiones cobra vida un nuevo ser.

4. Cambios de la edad

A medida que los niños crecen, se producen algunos cambios en ellos, como son: vello púbico, crecimiento de senos y menstruación en las niñas. Erección, eyaculación y cambio de voz en los hombres.

Los cuatro puntos señalados anteriormente son de importancia fundamental, pero la educación sexual no puede ni debe limitarse a la enseñanza de la reproducción, sino que debe ser mucho más amplia, y abarcar todos los aspectos de la masculinidad y la feminidad. Su objetivo es construir una base firme, sobre la cual el niño pueda funcionar eficazmente en su vida futura como un ser sexual.

Nos parece apropiado recalcar el valor del aspecto emocional y sentimental del sexo. Conviene enseñar al niño que no se trata de sexo por mero placer, sino que es algo que va más allá. Y para este fin es importante el desarrollo paralelo de las expresiones de sentimiento positivo. Muchos padres tienen dificultad para acercarse a sus hijos, abrazarlos, besarlos, decirles cuánto los quieren, mostrarse realmente interesados por y en ellos. Y esto se debe, en algunos casos, a que temen perder su autoridad y superioridad; en otros casos, a que ellos mismos no aprendieron nunca a expresar correctamente sus sentimientos. Si usted expresa amor a sus hijos y es afectuoso con ellos, también ellos aprenderán a expresar su afecto y sus sentimientos correctamente, con naturalidad; de ese modo, relacionarán fácilmente el sexo con el amor, lo cual es deseable. Por otra parte, se ha comprobado mediante experimentos que las personas con más dificultades para expresar sus sentimientos de afecto son los que tienen más problemas sexuales. Por ello, no tema ser afectuoso con sus hijos, ya que, además de ser sano, es necesario. Si usted, como tanta gente, cree que si besa o abraza a su hijo varón lo va a convertir en homosexual, está equivocado, pues precisamente ese afecto y esa seguridad evitarán que se desarrollen en él problemas de identificación sexual.

Precauciones especiales

En relación con el embarazo existen ciertos aspectos que pueden ocasionar malos entendidos; debido a ello usted deberá cuidar que el concepto del niño sea correcto. Veamos:

1. Antes de nacer, el niño está dentro de la madre, pero no en su estómago. Se encuentra en un lugar especial y seguro hasta crecer lo suficiente para salir. Hay que evitar que el niño confunda al bebé con los alimentos que come la madre.
   Importante: Algunos niños, al ver a una mujer embarazada piensan que ésta se "tragó" a un niño. Si detecta que su hijo piensa eso, aclárelo.
2. El niño no aparece de repente, sino va creciendo; empieza por ser una semillita muy chiquita, del tamaño de este punto (•).
3. Cuando el niño va a nacer, la mamá debe ir al hospital pero no está enferma, y no hay que preocuparse, es para que tanto la mamá como el bebé tengan cuidados del médico. En Guatemala, por ejemplo, cuando la mujer queda embarazada se dice que "se enfermó"; y que después del parto "se compuso". Es preferible evitar este tipo de vocabulario que no hace sino perpetuar los prejuicios culturales sobre el sexo.
4. Es muy importante que el niño entienda que, aun cuando todavía no nace, el nuevo ser ya vive, existe y está creciendo.

Creemos necesario recomendar a los padres que observen una completa cautela en sus relaciones sexuales; de otra manera, se puede causar trastornos emocionales al niño, quien no alcanza a comprender el acto, y lo relaciona con una mezcla de excitación, lucha, pelea, dolor y miedo.

Una actitud común entre los padres es dejar las cosas en manos de otros. De ese modo, en lugar de ocuparse personalmente de la enseñanza sexual de su hijo, delegan esa responsabilidad a terceros, ya sean parientes, amigos o compañeros de clase, que pueden estar bien o mal informados. Este punto merece ser analizado, pues es muy probable que personas ajenas al núcleo familiar estricto (padre, madre, hijos) le proporcionen una información sexual con un sentido distinto al que los propios padres hubieran deseado. También es común que muchos padres se apoyen en un texto para impartir el conocimiento sexual a su hijo. Esto es recomendable siempre y cuando se utilice sólo como guía y no se considere que esto es suficiente. Puede ocurrir si sólo se le da al niño un libro para que lo lea solo, que el niño no lea nada, o lea y no entienda bien. Por eso, lo mejor es ir explicándole el texto personalmente, paso a paso, con analogías, comentándolo y ejemplificando lo que se va leyendo. Solo así el padre podrá estar seguro de que el niño entendió.

Existe una tendencia bastante generalizada en los padres a desaprobar o evitar la enseñanza sexual, pues temen que ésta provoque una especie de curiosidad morbosa. No existe evidencia alguna al respecto, y la clave no es la información misma sino la forma de impartirla. De modo que ese es el factor que debe cuidarse con esmero.

¿De qué manera los padres pueden educar a sus hijos como individuos sexualmente maduros y saludables, en una sociedad en la que todavía mucha gente considera a la sexualidad como algo sucio y vergonzoso? Antes que nada, necesitan una gran fortaleza contra cualquier desilusión, y aceptar *a priori* que su influencia sobre los hijos es limitada y disminuye conforme la del mundo exterior va en aumento. Por tanto, es conveniente hacerle ver al niño que existen diferentes puntos de vista acerca de los factores sexuales; ello les permitirá tener cierta independencia intelectual que les servirá para adaptarse a este mundo cambiante.

Otro aspecto digno de considerar es que los niños educados sana y naturalmente en relación con el sexo constituyen una minoría; esto podría acarrearles problemas, ya que ante sus compañeros aparecen como impúdicos o indecentes por hablar de lo que "no se debe". Tratando de evitar este problema, muchos padres caen en las mismas evasiones y falsedades que los demás, o prefieren inclusive eludir el tema del sexo y ahorrarse dificultades. Advierta a su hijo(a) que no todos los niños (ni adultos) están igual de preparados para abordar este tema.

Los padres pueden preservar todo lo que sea natural para sus hijos por medio de una actitud sana y objetiva, sin que ello signifique el quebrantamiento de ciertas reglas sociales consideradas de "buen gusto", enseñándoles a cuidar su comportamiento y a no discutir algunos temas en público.

EL CUERPO, LA SEXUALIDAD Y LOS NIÑOS

Es posible que el niño en su más tierna infancia haya aprendido que las cuestiones relativas a su cuerpo desnudo, especialmente acerca de sus genitales, son censuradas, castigadas, ignoradas o inclusive hasta ridiculizadas. Sabe que pueden ser tema de reprobación –a la que el niño es extremadamente sensible–, o que puede producir la ira de los adultos y por tanto, castigo. Es entonces que prefiere no preguntar, pero su curiosidad permanece intacta. Si el niño no se atreve a manifestar sus dudas, es conveniente apoyarlo y darle seguridad para que lo haga. Y si aún así no pregunta, entonces inicie usted la información sexual, haciéndole preguntas sencillas y dándole explicaciones concretas.

La curiosidad natural de los niños se expresa a través de preguntas, observaciones sobre el sexo opuesto, exploración del propio cuerpo y observación de la conducta de los animales. Desde luego, les intriga saber si los demás niños tienen un cuerpo como el suyo, y también el porqué de la diferencia con el de los adultos. Recuerde: explique todo cuanto el niño quiera saber de una manera directa, sencilla y verdadera. Y si no pregunta directamente pero usted advierte su curiosidad sexual, aproveche la ocasión, pregúntele, explíquele y conversen sobre el tema.

Aun cuando no se puede forzar a un niño a que pregunte y se interese por el sexo, sí se le puede alentar a que exprese lo que piensa y a que satisfaga su curiosidad. La libertad en el comportamiento y en el lenguaje es necesaria, pues suaviza las inhibiciones del niño, a menos que la represión ya haya echado raíces muy profundas en él. Cuando él sea capaz de expresar que piensa y siente, se aclararán sus dudas, y sus criterios serán cada vez más amplios.

En general se tiende a separar tajantemente las actividades propias de niños y niñas, lo cual acarrea una falta de contacto entre ellos, y cuando llega cierta época de la vida –la pubertad–, se busca un reconocimiento del otro sexo con gran curiosidad e intriga, pues existe una enorme ignorancia en lo que al sexo opuesto se refiere.

Cuando los niños ven un cuerpo desnudo experimentan sentimientos de curiosidad, excitación, temor, diversión, envidia, orgullo y simpatía.

Es posible que muchos padres consideren que ellos están siendo muy naturales con sus hijos con respecto al sexo, y que no se les dificulta dar explicaciones; sin embargo, por otra parte, les parece imposible mostrarse desnudos frente a sus hijos, ni tampoco aceptan la desnudez entre los hermanos. Es decir, con su actitud demuestran que todo lo relacionado con el sexo es prohibido, censurable; pero hablan al niño de libertad y naturalidad sexual. Estos mensajes contradictorios pueden provocar que el niño no sepa realmente a qué atenerse y caiga en un conflicto. Es por esto que se recomienda el autoanálisis de los padres, previo al trabajo con los niños.

Lo verdaderamente importante es que el niño mire a sus padres estar cómodos con sus propios cuerpos, y al hablar acerca de ellos y de la sexualidad; en otras palabras, dar al asunto un aire natural, que permita al niño sentirse también cómodo, sin problemas, con su propio cuerpo. Si existiera una gran tensión o una falta de capacidad para trasmitir el conocimiento sexual adecuadamente, lo recomendable es buscar ayuda y asesoría profesional, de manera que los padres puedan sentirse cómodos y seguros al hablar y enseñar a sus hijos sobre la sexualidad humana.

LOS JUEGOS SEXUALES

Es algo natural que los niños se toquen y jueguen con sus genitales; pretenden conocer todo su cuerpo, y rara vez hay en ese acto fines verdaderamente sexuales o "mala intención". Sin embargo, con frecuencia los padres regañan o castigan al niño por manipular los genitales; no saben que de ese modo aumentan el interés del niño por esa parte "prohibida" de su cuerpo. ¿Por qué es prohibida? En realidad los mismos padres suelen ignorarlo, pero la sociedad lo considera así. El niño, en su mundo de niño, tampoco alcanza a comprenderlo y se incrementan su curiosidad y su autoexploración... pero a escondidas, para que no lo regañen. Es así como se inician desde la infancia prejuicios en los que se considera el sexo como algo malo, indecente, sucio, prohibido y oculto. Y esto repercute en la vida sexual adulta de manera desfavorable; por ello, se recomienda dejar que los niños exploren libremente sus genitales; una vez satisfecha su curiosidad, dejarán de ocuparse de ellos.

El problema principal de estos juegos es encontrar un equilibrio entre una restricción exagerada y la libertad total. Con el fin de encontrar dicho equilibrio se ofrecen las siguientes sugerencias:

1. Los prejuicios y temores sexuales de los padres no deben ser trasmitidos a los hijos. Si usted realizó el autoanálisis ya sabrá cuáles son sus prejuicios sexuales y podrá evitarlos al educar a su hijo.
2. Cierta curiosidad debe considerarse como natural y normal. El niño necesita conocer su cuerpo y saber si el suyo es igual al de los demás.
3. También es conveniente que los niños sepan la opinión de la sociedad en que viven respecto de los juegos y relaciones sexuales, sin crearles conflictos ni problemas de ninguna especie.
4. Sus preguntas referentes al sexo y a la vida sexual en general deben ser contestadas con sinceridad y de manera directa.
5. Es saludable inducirlos a otro tipo de juegos y evitar la confinación y el aislamiento. Si un niño tiene poca distracción, es más factible que se dedique a los juegos sexuales y a la exploración de sus órganos genitales.
6. Lo más importante es jamás reprochar violenta o enérgicamente al niño cuando sea sorprendido en algún tipo de juego sexual. Es preferible distraerlo en otra cosa, si es que el juego sexual está más allá de lo permitido –según el criterio de los padres o de la sociedad en que viven.

Un juego sexual es aquel donde el niño desempeña algún rol, por ejemplo, el de padre, madre, enfermera o doctor, en el que tenga la oportunidad de ver el cuerpo de otros, explorarlo y aprender de él.

Cierto tipo de juego sexual, que generalmente se presenta entre los tres y ocho años de edad, es el de identificación, donde los niños juegan a ser el papá y las niñas a ser la mamá. Por medio de estos juegos los niños representan el rol de hombre o de mujer, según lo han visto en sus padres. Así, el varón juega a ir a la oficina, conducir automóvil, hacer llamadas telefónicas de negocios, o bien, imitar las actividades que ha visto realizar a su padre... además de ponerse sus zapatos, sombrero y pintarse bigotes (si el papá los tiene). Por su parte, la mujercita cocina, lava, se encarga de los niños, va al salón de belleza, sale de compras al supermercado... y se pone los zapatos de la mamá, algunos de sus vestidos (aunque la mamá no esté muy de acuerdo) y se pintará y peinará como ella. Y si la mamá trabaja o estudia, la niña imitará estas actividades. En esta etapa, los niños imitan a sus progenitores del mismo sexo, y eso tiene una importancia especial desde el punto de vista de la educación sexual.

La conducta femenina o varonil varía de cultura en cultura y de un grupo a otro, de donde se deduce que es aprendida y no heredada. Por ello, no debemos esperar que un hombrecito se comporte como tal, si no se le enseña cómo hacerlo. Igual sucede con las mujeres. Una mujer no va a comportarse de manera femenina por el solo hecho de ser mujer. Necesita aprender qué es lo que dentro de su cultura se entiende por comportamiento femenino, y qué es lo que se espera de ella. Y, al menos en gran medida, eso depende de las enseñanzas de los padres. Pero, ¿cómo enseñan eso los padres? De manera general, lo hacen sin darse cuenta, simplemente siendo lo que son.

Los niños tienden a imitar la conducta de sus padres, por ello, se dice que los padres son los principales modelos de sus hijos. Si un padre es agresivo, el hijo probablemente lo será; si es respetuoso de las opiniones de su esposa, el hijo aprenderá a respetar las ideas de la mamá, y de las mujeres en general. Si la mamá se queja de los hombres, la niña aprenderá también a hacerlo. Si la mamá considera que tiene derecho (u obligación) de trabajar, la niña adoptará estas ideas y las considerará como propias. Si la madre piensa que su lugar es el hogar, y su deber atender la casa y los niños, la hija que toma a la mamá como modelo pensará y se comportará de manera similar.

MODELOS Y PREVENCIÓN DE LA HOMOSEXUALIDAD

La función de los padres como modelos es muy importante, pues proporciona información a los niños sobre lo que se espera de ellos. Si al niño le falta el padre del mismo sexo y no tiene una figura que lo sustituya (abuelito, tío o hermano, si es hombre; tía, abuelita, hermana o amiga, si es mujer), es probable que el niño tome como modelo de comportamiento a su único progenitor. De este modo, un varón que vive con su madre y hermanas tenderá a comportarse como una niña en sus ademanes, gestos, vocabulario, forma de hablar y, probablemente, hasta en gustos. Igualmente, una niña criada entre hombres aprende a ser agresiva, brusca, peleadora, en una palabra, varonil.

Si a su hijo le falta un modelo del mismo sexo, haga lo siguiente:

1. Invite con frecuencia a amigos del mismo sexo, para que su hijo(a) observe cómo se comportan, pueda imitarlos y sepa qué se espera de él (ella).
2. Arregle que su hijo(a) salga una o dos veces por semana con el (la) abuelito(a), o un(a) tío(a) y realicen actividades propias de su sexo.
3. Llévelo(a) a ver películas en donde el héroe o heroína es del mismo sexo que su hijo(a).
4. Escoja programas de televisión en donde el héroe sea una persona del mismo sexo que su hijo(a).
5. Al ver televisión, comente especialmente lo que hacen los hombres y lo que hacen las mujeres.
6. Jueguen a papá y mamá, de manera que el niño(a) represente el papel que le corresponda según su sexo, usted desempeñe el rol del sexo opuesto. Déle instrucciones detalladas de lo que espera que haga y exprese su satisfacción cada vez que actúe especialmente bien.
7. Compre juegos, cuentos y juguetes que correspondan al sexo de su hijo(a).
8. Mantenga una imagen del sexo cuyo modelo falte al niño. Si al varón le falta el modelo masculino, hable con frecuencia de cómo era el padre, el abuelo y lo que hacían; si a la niña le falta el modelo femenino, haga lo propio con la madre, una tía o una abuela.

En general, si el niño cuenta con buenos modelos (o sustitutos), se desarrollará teniendo un concepto claro de su propio sexo, de lo que es y de lo que se espera que haga. Esta es la mejor forma de prevenir la homosexualidad. Sin embargo, existen factores genéticos en ciertas formas de homosexualidad que no dependen de factores de identificación, en cuyo caso el mejor enfoque sería la aceptación del niño como es, respetando su orientación sexual. La tarea más compleja será, entonces, la de la aceptación de los padres. Siendo este un tema complicado y difícil de abordar, le recomendamos consulte a un psicólogo especialista.

COMENTARIOS FINALES

La educación sexual de los niños, según se ha expuesto, se basa fundamentalmente en el siguiente concepto: los niños aprenden de lo que sus padres hacen y dicen. El enfoque fue un tanto tradicional, teniendo presentes los valores de la mayoría de padres latinoamericanos, en el sentido de enseñar que la relación sexual es la consumación del amor. Actualmente hay otros puntos de vista al respecto. En uno de ellos, por ejemplo, se enseña que el sexo es una forma elevada de placer y que es (o puede ser) independiente del amor. Otro enfoque considera innecesario hablar y explicar a los niños todo lo relacionado con la sexualidad humana, pues el comportamiento sexualmente liberado de los padres constituye la mejor guía. En realidad, optar por uno u otro de estos puntos de vista depende de los valores de los padres y de lo que quieran enseñar a sus hijos. Nosotros preferimos la opción un tanto más conservadora, que expusimos brevemente en este capítulo. La decisión final de *qué* y *cómo* impartir la educación sexual corresponde a los padres. Lo realmente importante es tomar un punto de vista y actuar consistentemente con él.

Con el fin de orientarlo mejor, a continuación se ofrece una guía evolutiva de información sexual en donde se indican los conocimientos que debería tener un niño en función de su edad. Dadas las diferencias evolutivas individuales que mencionábamos en un principio, un niño puede estar más informado de lo que corresponde a su edad. Lo que definitivamente debe cuidarse es que no esté menos informado de lo que le corresponde.

CUÁNDO ENSEÑAR QUÉ: GUÍA EVOLUTIVA DE INFORMACIÓN SEXUAL PARA NIÑOS

No hay unificación de criterios en cuanto a la edad en que se debe impartir el conocimiento sexual al niño, ello se debe a que algunos muestran tempranas inquietudes y curiosidad de tipo sexual, mientras que otros, incluso mayores, no manifiestan ningún interés. Sin embargo, con el fin de brindar una guía práctica, a continuación se proporciona información general de lo que un niño debe saber sobre sexo de acuerdo con su edad.

Dos a cuatro años

A esta edad, los niños empiezan a mostrar interés por las diferencias sexuales, y quieren saber si todos los niños están formados como ellos o son diferentes. A sus interrogantes se debe contestar que las mujeres están formadas de manera diferente a los hombres, y que ellas tienen un pequeño agujero llamado uretra que les sirve para orinar, en cambio el hombre tiene un pequeño tubo llamado pene, por donde orina.

También le interesa saber de dónde vienen los niños y por qué se pone tan "gorda" la mamá o la tía.

La explicación acerca del embarazo, concepción y nacimiento no necesita ser muy extensa ni explícita al comienzo; debe darse paso a paso, de acuerdo con el grado de entendimiento del niño. Al principio se le puede explicar que dentro de la madre hay unas como semillitas que se llaman óvulos, y que al unirse con otras salidas del pene del papá, y que se llaman espermatozoides, forman el embrión, que es el comienzo del nuevo niño. Al principio es muy, muy chiquito, pero va creciendo dentro de la mamá hasta estar listo para vivir afuera.

Lo anterior también sirve para explicar el engordamiento de mamá.

Es recomendable que los padres, junto con el niño, siembren una plantita y la vean crecer y desarrollarse. Esto permite hacer analogías que faciliten la comprensión del niño.

Cuatro a seis años

A esta edad, el niño ya quiere saber cómo llegó el bebé a instalarse dentro de la madre, y también cómo y cuándo saldrá, y cómo se alimenta. Se le debe explicar que el papá puso una semillita dentro de la mamá y que allí se unió a una de ella, crecieron y van formando un nuevo ser. Ahora la explicación debe ser más completa que en la etapa anterior, pero sin profundizar demasiado en detalles del acto sexual mismo, que sólo confundirían al niño. Se le explicará que el nuevo niño tarda nueve meses en nacer, y que se alimenta por conductos especiales que se encuentran dentro del organismo de las mamás. Para proporcionar la información lo más adecuadamente posible, se recomienda basarse en algunos textos que brindan este tipo de información sexual.

Seis a nueve años

¿Qué es una relación sexual? ¿Cómo se engendran los hijos? A esta edad ya deben darse las pautas para que se entienda apropiadamente que la concepción se debe a la unión física de un hombre y una mujer; esto no representará mayor dificultad si se han seguido paso a paso las explicaciones anteriores cada vez que el niño las haya requerido. Será algo que surgirá naturalmente al enterarse que la "semillita" es depositada por el papá dentro de la mamá en un acto especial, en el cual ambos sienten un profundo amor.

Nueve a 12 años

A esta edad se debe ir preparando a los niños para afrontar los cambios propios de su desarrollo, el paso de la niñez a la pubertad. A las niñas se les debe preparar para el advenimiento de la menstruación y otras modificaciones corporales: crecimiento de los senos, vello púbico; asimismo, prepararlas para el enamoramiento, la atracción física y la excitación sexual que van a sentir en determinadas ocasiones. Si se omiten tales explicaciones, de todas maneras ellas tendrán esas sensaciones y no sabrán cómo reaccionar. Se podría decir que de esas primeras experiencias dependerá que las futuras relaciones sexuales y de pareja sean o no apropiadas. Por ello convendrá darles información real y lo más completa posible.

A los varones se les debe preparar para los cambios en la voz, excitación, erección y eyaculación. No olvide que es recomendable explicar tanto a hombres como a mujeres los cambios de los dos sexos, y no únicamente lo que a ellos concierne. Esto crea menos barreras y mayor acercamiento sexual en el futuro.

En esta guía evolutiva de educación sexual se proporcionaron sólo pautas generales, pero si los padres enseñan a sus hijos la sexualidad con naturalidad y espontaneidad, brindan información y dan ejemplo de una relación de pareja basada en el amor, el respeto y la comprensión, sus hijos verán la sexualidad como algo normal, natural y positivo durante todo su desarrollo.

BIBLIOGRAFÍA RECOMENDADA

López Sánchez, F. (2005). *La educación sexual de los hijos*. Madrid: Pirámide.

Quiero saber. Educación sexual para niños–CD Rom Interactivo para descubrir y conocer la sexualidad. Cursos multimedia, infantiles, software por Iveli.

Riedemann, V. H. (2000). *Educación sexual en la escuela. Guía para el orientador de púberes y adolescentes*. Buenos Aires: Paidós.

____ (2006). *Cómo hablar de sexualidad con sus hijos*. Buenos Aires: Paidós.

10

La masturbación infantil

Blanca G. de Lebl y Carmen Lucía Cordón

En general, los temas relacionados con la sexualidad y los niños son difíciles de abordar y, entre ellos, el de la masturbación infantil resulta para muchos un tema especialmente embarazoso e incómodo. En sí misma, la palabra *masturbación* puede despertar asociaciones cargadas de miedo, vergüenza o incluso prohibición. Es una palabra que muchas personas tratan de evitar en sus conversaciones, y cuando necesitan referirse a dicho significado, lo hacen por medio de alusiones vagas e imprecisas. Detrás de la palabra *masturbación*, así como de aquellas que la remplazan, existe una realidad que pareciera que no sabemos cómo enfrentar y que muchas veces negamos, quizá porque no sabemos qué actitud tomar, por miedo, ignorancia o cierto sentido de moralidad.

Para orientar a los padres interesados en el tema, en el presente capítulo se definirá el concepto de masturbación infantil como la estimulación de los propios genitales para explorar el cuerpo de uno mismo, que con el tiempo se convierte en una forma de obtener placer y satisfacción. Los niños pueden frotarse los órganos genitales con la mano u otro objeto. La masturbación infantil sucede tanto en niños como en niñas, de manera que si en algunos momentos se hace referencia en el texto solamente al sexo masculino, se debe entender que se hace por simplificar la lectura, y no por asociar este tipo de conducta solamente a los varones. A menos que se especifique claramente en el texto, se escribirá siempre niño, para referirse a niño o niña.

MI HIJO "SE TOCA"

Cuando una madre sorprende a su hijo o hija de dos o tres años ocupado en una exploración de sus órganos sexuales, se asusta y se preocupa porque piensa que su niño o niña se está interesando por cosas prohibidas. Precisamente cuando, como padres, nos estamos empezando a ajustar a la idea de que ya no son bebés, nos confrontamos con la experiencia de ver a nuestro pequeño niño o niña tocando sus genitales.

Sin embargo, si nos detenemos a darle una mirada analítica al desarrollo de nuestros hijos, encontraremos sentido al hecho de que al igual que se sienten curiosos por tocar cada objeto que esté al alcance de sus manos, estarán interesados también en explorar su propio cuerpo. Precisamente, cuando el entrenamiento para ir al baño se vuelve un foco de interés, podríamos anticipar que los niños estarán curiosos por aquellas partes de su cuerpo que han sido en el pasado escondidas por los pañales. Esta exploración produce sensaciones placenteras, sin que esto implique una relación con fantasías sexuales.

La masturbación infantil o la autoexploración genital, como algunos autores prefieren llamarla, no es más que la manifestación de una sana curiosidad propia de la niñez y una búsqueda natural de sensaciones agradables. Este tipo de actos no representan verdadera sensualidad, sino un medio de llegar a conocer todas las partes de su cuerpo (incluyendo los órganos genitales), y son un hecho habitual durante el desarrollo del niño.

Todas las investigaciones concuerdan en que la caricia ocasional del pene, o la estimulación del clítoris, es parte de la maduración psicosexual de los niños. Casi todos los infantes estimulan sus genitales en un momento u otro, porque ello les produce sensaciones agradables. Esto constituye un comportamiento normal y natural.

Hasta los cinco años de edad, aproximadamente, el niño ya ha satisfecho su curiosidad de saber qué es lo que hay "ahí abajo", cómo es, y conoce las sensaciones que pueden lograrse trepando cuerdas, montando la escoba, apretando las piernas o balanceándose rítmicamente. Todas ellas son actividades muy frecuentes en los niños. Lo más importante en relación con estas conductas es que no deben asociarse a sentimientos de culpa a través de las actitudes, palabras o castigos de los padres; de ese modo, únicamente constituirán experiencias normales propias de la niñez, como el saborear las diferencias entre la sal y el azúcar o disfrutar el chocolate.

Sin embargo... me preocupa

A pesar de haber leído que la estimulación genital es normal, y a pesar de que las mamás de otros niños manifiestan que sus hijos también suelen estimularse, existe todavía una preocupación que muchos padres no logran disipar. Esta inquietud se refiere, sobre todo, a la dificultad de distinguir y determinar si dicha conducta sexual del hijo se encuentra dentro de los límites esperados para la mayoría de los niños.

La mayoría de nosotros hemos sido criados con la convicción de que la masturbación es una conducta sexual prohibida y condenada, que atenta contra la moral y las buenas costumbres y, por consiguiente, nos resulta difícil aceptarla y tolerarla en nuestros hijos. Debido a que estos principios son muy arraigados y entorpecen nuestra capacidad de evaluar enfoques diferentes sobre el tema, a continuación se exponen algunos planteamientos sobre los que usted puede reflexionar y que podrían ayudarle a enfocar el tema desde nuevas perspectivas:

1. Las investigaciones y estudios serios sobre la conducta sexual infantil demuestran que por lo menos un tercio de los preescolares recurren a la estimulación de sus genitales de una u otra manera.
2. La estimulación genital no influye negativamente en las relaciones sexuales normales cuando el niño llega a la adultez.
3. La estimulación genital no deteriora ni la salud, ni la inteligencia, ni la capacidad de rendimiento escolar.
4. Las únicas consecuencias perjudiciales de la estimulación genital surgen de los sentimientos de vergüenza y culpabilidad que se inculca a los niños.
5. La práctica de la masturbación infantil no va a ocasionar que el pequeño sea promiscuo, que despierte prematuramente al deseo sexual, o que tenga dificultades con la identidad de género.
6. No causa ningún daño psicológico o fisico, salvo que se dé de forma excesiva, y entonces ocasione irritación genital con inflamación y prurito, en cuyo caso deberá llevar al niño al pediatra.

¿Qué puedo hacer si lo sorprendo estimulándose?

Existen algunos principios importantes que usted debe recordar y poner en práctica ante la estimulación genital de sus niños:

1. Si usted encuentra a su hijo masturbándose, no le preste atención alguna, aléjese del lugar y cuando se dé cuenta que está realizando otra actividad distinta, manifieste su aprobación con mucho entusiasmo. Diga, por ejemplo: me gusta verte hojear este libro. De manera general alabe siempre las conductas que a usted le parecen positivas.

2. Si sorprende a su niño o niña autoestimulándose, no eche miradas de disgusto, ni emplee tonos de voz que denoten desaprobación. Actúe con naturalidad, como si no hubiera notado nada extraño. Ocurre que a veces los padres están seguros de no manifestar ninguna condena al respecto, pero su postura, sus gestos, ademanes y tonos de voz los traicionan.

Recuerde que los niños tienen una especie de "antenas ultrasensibles" que captan el disgusto o la incomodidad de los padres de una manera muy fina. Un poco de honestidad y un esfuerzo por ser objetivos le ayudarán a detectar estos mensajes dobles.

3. Controle el lugar donde lo hace, explíquele que esta es una conducta que debe realizar en privado, en su habitación o en el baño, y que no lo debe realizar ante otras personas.

4. No se convierta en su espía, ya que los pequeños se dan cuenta cuando los padres los tienen vigilados y esto producirá más interés por la conducta.

5. No trate de eliminar la masturbación aplicando castigos físicos ni reprimendas, ya que sólo conseguirá que la conducta se fije en el tiempo. Tratar directamente de hacer que ésta se detenga es una batalla perdida de antemano. Si activamente se le dice al niño o niña que no lo haga o se le castiga, entonces el juego genital se convierte en una "fruta prohibida". De esta forma, la "fruta" se probará cuando se dé la oportunidad, y los niños tenderán a ocultar lo que han hecho. El sentimiento de vergüenza acompaña entonces una conducta que toma un carácter clandestino.

6. Al saber que la estimulación genital es una conducta sexual normal en los niños, algunos padres pueden quedar con la impresión de que no sólo no deben castigarla, sino más bien alentarla. De ninguna manera se está sugiriendo tal actitud. Se recomienda actuar del mismo modo que con los niños que se chupan el dedo: se acepta que lo hagan, pero no se les incita a hacerlo deliberadamente.

Una reflexión sobre lo anteriormente expuesto, una autocrítica constructiva sobre las reacciones que han tenido ante la estimulación genital de sus hijos y una conversación franca con el cónyuge sobre este tema lo guiarán acertadamente hacia el buen manejo de esta situación.

¿Cuándo debo preocuparme por la masturbación de mi hijo o hija?

Frente a una masturbación infantil "exagerada" usted debe, en primer término, determinar si se trata de masturbación o de frotación o necesidad de rascarse por alguna infección. Un examen médico determinará la posible presencia de irritaciones genitales provocadas por hongos, higiene inadecuada u otras causas. Si los médicos no descubren ninguna causa que pueda ser tratada con medicamentos, entonces considere los siguientes aspectos.

Se dice que la masturbación en el niño puede presentar un problema cuando ésta es constante, y la conducta interfiere con otras áreas de interés del niño, es decir, cuando el pequeño deja de realizar otras actividades que normalmente le interesan, por ocuparse de la conducta masturbatoria. Es síntoma de problema también si los intentos porque deje de realizarla en público fracasan.

La mayoría de los expertos están de acuerdo en que no se trata solamente de parar la conducta, sino de enfocarse en las razones que están detrás de lo excesivo y lo constante. La investigación de las condiciones que favorecen la conducta puede iniciar por lo siguiente:

1. Observe durante varios días (por ejemplo, una semana) cuáles son los lugares o habitaciones en las que el niño se masturba (puede ser sólo en casa o solamente en la escuela).
2. Note quiénes están presentes cuando el niño se masturba y qué es lo que hacen dichas personas en ese momento.

Estos dos índices le ayudarán a detectar si el niño se masturba como una manera de llamar la atención de determinadas personas, como forma de rebelarse ante ciertos castigos, prohibiciones, o manifestando fuerte ansiedad ante amenazas o estímulos excitativos.

En relación con esto, le recomendamos que revise las siguientes preguntas:

1. ¿Está el niño tenso y siente una necesidad mayor de lo normal por calmarse a sí mismo? Puede ser que las personas que lo

rodean estén sobrerreaccionando, y entonces el hábito se refuerza.

2. ¿El niño puede estar sobreestimulado, con muchas actividades, personas distintas y obligaciones por realizar, y entonces tener la necesidad de calmarse a sí mismo?
3. ¿Le falta estimulación y está aburrido?

Algunas de las causas asociadas con la masturbación infantil excesiva son:

Falta de atención de los padres

En algunos casos, las familias tienen dificultades y los padres no logran brindarles a sus hijos la sensación de presencia y de afecto, como si no tuvieran tiempo para ellos. Estos niños no solamente se sienten inseguros, sino que añoran cualquier forma de afecto o atención. La masturbación es una forma de compensar esta carencia; "si los otros no me lo dan, yo me lo doy a mí mismo". En el momento en que los padres lo notan, el niño tiende a ser reprendido, y con esto, fuertes montos de ansiedad se asocian con la actividad (lo que, como se ha mencionado, no hace sino mantener o aumentar el hábito).

Aburrimiento, soledad o condiciones que limitan las oportunidades de juego

Algunos pequeños recurren a la estimulación genital debido a que no cuentan con mejores ocupaciones y distracciones. Ocurre, por ejemplo, que algunos niños están constreñidos por el espacio de sus viviendas, otros están restringidos en sus movimientos porque están rodeados de objetos valiosos, o porque sus padres, o los vecinos, no soportan las actividades comunes de la niñez; limitados de esa manera, se ven imposibilitados de desarrollar su capacidad física, no pueden correr, gritar, trepar. Entonces comienzan a aburrirse. Hay ocasiones en que la estimulación genital es resultado de condiciones ambientales estrechas y/o reglas de conducta demasiado estrictas. Un niño al que sin sueño se le obliga a hacer siesta, o uno que no tiene más posibilidades de acción que mirar por la ventana, puede estar más propenso al uso de la masturbación de forma compensatoria, es decir, buscando la satisfacción que no puede encontrar en otras actividades.

Si usted cree que algunas de las situaciones anteriores se aplican a su hijo, considere las recomendaciones que se citan a continuación.

1. Aumente el contacto físico con su hijo. Algunos niños se masturbarán menos si reciben abrazos y mimos adicionales durante todo el día. Trate de que su hijo tenga por lo menos una hora diaria de tiempo especial con usted, y asegúrese de hacerle manifestaciones físicas de afecto durante este periodo.
2. Revise la forma en que usted y su pareja han manejado las dificultades familiares, muchas veces los niños adquieren un miedo constante de que algo *muy malo* pueda suceder, y por lo general el miedo se expresa en forma de ansiedad anticipatoria que lo convierte en un niño inseguro y temeroso, y con ello un niño que puede abusar de la conducta masturbatoria.
3. Involúcrese en sus juegos y participe con él o ella en sus juegos y actividades.
4. Propicie la interacción con otros niños. Lleve al pequeño al parque o a visitar a los amiguitos.
5. Proporcione al niño tijeras de puntas redondeadas, revistas con ilustraciones de colores, goma de pegar, papel y otros materiales que juntos decidan. Así, en "su" rincón, le estará permitido ensuciar, desordenar y distraerse sanamente por algún tiempo.
6. Déle a sus niños plastilina, con ella desarrollará su motricidad fina y encontrarán una forma creativa de ocuparse. Puede ser, incluso, que si existe ansiedad, le ayude como una forma de canalizarla.
7. Suminístreles lápices de colores, pinturas, papel blanco, pinceles. Pueden aprovecharse las sugerencias del capítulo 14. Así, a la vez que se distrae al niño, se le estará educando para un mejor desempeño en la escuela.
8. Guarde algunos de los juguetes de sus hijos durante uno o dos meses y, cuando los saque nuevamente, los niños mostrarán regocijo y se entusiasmarán como si fueran nuevos.

En conclusión, a mayor actividad creativa y expansiva, a mayor desarrollo de las potencialidades físicas e intelectuales de un niño, menor será la probabilidad de que se encuentre en la situación de aburrimiento o soledad que le lleve a buscar la masturbación como fuente primordial de satisfacción y estimulación.

Si no cree que lo anterior se aplique a su hijo, y el niño o niña persiste en la conducta masturbatoria, es necesario que se plantee la probabilidad de influencia directa de otras personas o situaciones.

1. Tenga en cuenta que los empleados o empleadas pueden estar desempeñando un papel importante en la masturbación del niño. Existen casos en que las empleadas por ejemplo "acarician" los genitales de los niños para calmarlos cuando lloran o se enojan. Es una costumbre que se da en algunas comunidades, y aunque la caricia no lleve ninguna carga sexual, puede constituir la referencia de que "cuando me quiero calmar, es bueno tocar y acariciar mis genitales".
2. Revise las películas que los niños ven. Recuerde que su niño podría estar mirando películas de contenido sexual impropias para su edad, o revistas que descuidadamente hubieran caído en sus manos y que resultan fuente de excitación para él.
3. Es importante también analizar la posibilidad de que el pequeño o pequeña advierta o presencie conductas sexuales de los padres o de otros adultos.
4. Observe, pregunte, averigüe si alguien en la familia (tíos, primos, huéspedes, amigos) son personas sensuales a quienes el niño podría estar tomando como modelos. En esta exploración, usted deberá atender a la posibilidad de que el niño pueda estar siendo estimulado sexualmente por otras personas, un niño mayor o un adulto. Si esto fuese una posibilidad, frecuentemente se encuentra asociado con otros síntomas, como retraimiento, cambios en el estado de ánimo, miedo. Sin embargo, estas manifestaciones dependerán de la edad y personalidad del niño, y si usted tuviese sospecha de que una situación de abuso se está dando, no debe pasarlo por alto y será necesario explorar hasta confirmar o no sus sospechas.

Con el análisis de estas investigaciones, usted obtendrá datos que hasta ahora tal vez pasaron inadvertidos, y constatará la presencia de estímulos que favorecen la masturbación del niño. Una vez identificadas con precisión las influencias directas sobre la masturbación del niño, podrá alejarlo de las mismas.

Cuando cualquiera de las posibilidades mencionadas sea detectada, elimínelas inmediatamente y/o aleje al pequeño de dichas influencias. Tal vez tenga que enfrentar dificultades, pero recuerde que toda acción en pro de la salud de sus hijos le proporcionará grandes satisfacciones.

¿Cuándo debo buscar ayuda profesional?

- Si los padres tienen preocupaciones acerca del bienestar emocional de su hijo; si a usted le parece que su hijo no está contento y tiene dificultades para manejar las circunstancias que podrían causarle tensión, o simplemente sospecha que hay alguna fuente de tensión pero no puede identificarla claramente.
- Si sospecha que alguna persona lo puede estar molestando sexualmente.
- Usted sospecha que alguien le ha enseñado a su hijo a masturbarse.
- Su hijo trata de masturbar a otras personas.
- Usted no puede aceptar ninguna masturbación en su hijo; si siente que no puede manejar la situación, que le provoca un alto grado de ansiedad y preocupación, y no puede evitar reaccionar con dureza y fuertes medidas de disciplina a la conducta.
- Usted tiene otras preguntas o preocupaciones.

Los padres deben tener en cuenta, como se indicó en la primera parte de este capítulo, que en la mayoría de los casos la masturbación es un comportamiento normal y común en el desarrollo psicosexual de los niños y más bien es poco frecuente que sea el indicador de otros problemas. Recuerde: no castigue al niño, ni lo reprenda ante la conducta masturbatoria. Todos estos enfoques sólo producen resistencia y, posiblemente, inhibiciones sexuales más adelante. Siempre habrá formas constructivas de lograr que la masturbación excesiva vuelva a la frecuencia y grado de interés normales, de forma que su hijo no la vea como la única o mayor fuente de estimulación y satisfacción. La mayor responsabilidad como padres radica en proveerle al niño un ambiente sano emocionalmente, seguro y amoroso en el que pueda desarrollar todo su potencial y capacidades.

BIBLIOGRAFÍA RECOMENDADA

Berdún, L. (2004). *Cómo le explico eso? Guía breve para educar en sexualidad a los hijos*. Madrid: Punto de lectura.

Brown, L. K. (1997). *What's the big secret¿: talking about sex with girls and boys*. Boston: Little, Brown and Company.

Cerda, R. A. (2001). *Manual de sexualidad infantil. Entre 3 y 6 años*. Santiago: Mediterráneo.

Dallayrac, N. (1999). *Los juegos sexuales de los niños*. Barcelona: Gedisa.

Harris, R. H. (1999). *Es alucinante: un libro que habla sobre óvulos, espermatozoides, nacimientos, bebés y familias*. Barcelona: Serres.

Harrison, M. (2001). *Cómo abordar los temas del amor y la sexualidad con sus hijos*. Madrid: Debate.

Hernández Sánchez del Río, C. (2008). *Educación sexual para niños y niñas de 0 a 6 años*. Madrid: Narcea.

Ituarte, M. A. (2007). *Hablemos de sexualidad con los niños: Guía práctica para padres, educadores y maestros*. México: Trillas.

Lipkin, L. (2003). *Aprender a educar con cuentos*. Barcelona: Paidós Ibérica.

Rius R. (2003). *Tina descubre su cuerpo.* Madrid: Ediciones SM.

11

La llegada del segundo niño

Gabriela Méndez de Mazana

Es común que el primer hijo sea un poco sobreprotegido y mimado por sus padres y sus abuelos, pues recibe todo su afecto, atención y tiempo. Con la aparición del segundo hijo, el "paraíso" del primogénito se acaba y éste suele sentirse desplazado y celoso. Pueden surgir entonces grandes controversias familiares, las cuales además de molestas son innecesarias si se aplican algunas medidas simples, y se mantiene la actitud apropiada. En el presente capítulo se ofrece un programa concreto para evitar o minimizar estos problemas, y para facilitar el paso de la familia de tres a la familia de cuatro o más elementos.

LOS PADRES SIENTEN TEMOR

Cuando los padres esperan la llegada del primer niño, es frecuente que se interroguen con respecto al comportamiento que deberán asumir en cada momento de la vida de este nuevo ser. Cuando se espera al segundo niño, las dudas aumentan, puesto que los padres suelen preguntarse qué actitud asumirán tanto con el niño que está por llegar, como con el primogénito; y todo ello se convierte en motivo de preocupación.

Este hecho trascendental en la vida del hogar origina en los padres el temor de que el nuevo niño, al cual aún no conocen, haga sentirse desplazado de su "reino" al pequeño primogénito, quien hasta entonces era el centro de atención en la familia.

Una vez que la mamá sabe con certeza de su embarazo, los padres dirigen sus expectativas y las del primogénito hacia la llegada del segundo hijo, pero no siempre las actitudes asumidas se encuentran fundamentadas en principios positivos ni prácticos. Con el tiempo, esto da origen a una serie de alteraciones emocionales tanto para el primogénito como para los padres, ocasionando un desequilibrio en el hogar.

Para comportarse con sus hijos, los padres recurren a su propia experiencia (como padres y como hijos que fueron) y/o a la de otras personas que les brindan información, pero es probable que la suma de estas experiencias no sea suficiente. Muchas veces los papás tienen acceso a información (libros) o aprovechan los conocimientos de terceras personas y afrontan la llegada de su segundo hijo de la manera correcta. Se comportan adecuadamente con su primogénito los primeros meses, pero al observar que el niño no se altera durante este periodo y se adapta fácilmente a la situación, se descuidan, y cuando el segundo hijo empieza a crecer (es decir, cuando empieza a ser gracioso y mimoso para los padres), disminuye la atención que requiere el primer niño.

ERRAR ES HUMANO...

Muchas veces los padres cometen errores sin darse cuenta. En las familias donde va a llegar o ya ha llegado el segundo niño estos errores son más o menos comunes. Frecuentemente, los padres por el temor de lastimar a su hijo no le informan que va a tener un hermanito, y aquel sufre un tremendo impacto cuando éste, de modo súbito, "aparece" en casa; otras veces se crea una expectativa demasiado grande al primogénito, inclusive desde antes que el segundo niño nazca.

Estos problemas no se deben a que el niño "no supo" o "no quiso" enfrentar la situación de forma adecuada, sino a que sus padres no estuvieron preparados para ayudarlo.

Hasta ese momento el primogénito había ocupado el lugar preferencial en su hogar, participando en casi todas las actividades de sus padres. Posiblemente pocas veces se le dejó solo –inclusive en muchos hogares al no existir primos, sobrinos, etc., es el único niño–. Ha recibido el cariño de sus padres, a menudo en forma exagerada, y de un momento a otro se encuentra ante algo incomprensible. Descubre entonces que todo ese cariño que se le brindó tiene que compartirlo con otra persona (es probable que en muchos casos no sólo tenga que compartirlo, sino también cederlo). De esa manera, el nuevo hermanito se convierte en una compañía poco o nada grata para el primogénito.

¿QUÉ IMAGEN TIENE EL NIÑO DE SUS PADRES?

El primogénito, niño mimado por lo general, sabe que sus padres lo quieren. Sabe que se le da gusto en muchas cosas y se siente seguro ante ellos. Sin embargo, cuando llega el segundo niño, estos comportamientos desaparecen o disminuyen significativamente en los padres, puesto que se encuentran ocupados en el niño nuevo, al que brindan su tiempo y cariño. Esto constituye un fuerte impacto emocional para el primogénito, pues el hecho de quitarle algo importante y necesario que anteriormente se le proporcionó aparece como una forma de castigo que produce efectos emocionales muy peligrosos: ansiedad, inseguridad, desmedro de la autoestima personal y otros.

La autoestima constituye una de las bases más importantes del equilibrio de la personalidad (véase cap. 1). Cuando un niño la tiene en forma elevada, sus probabilidades de triunfar son mayores que las del niño que tropieza desde un principio con dificultades que mellan su estima personal a lo largo de la vida. En la medida en que se sienta digno de ser amado, capaz de amar y de ofrecer algo de sí a los demás, el niño podrá llevar una vida socialmente aceptable; y son justamente los padres los responsables de enseñar al niño estos sentimientos y comportamientos, a través de su ejemplo, cariño y apoyo.

Aunque los padres amen a sus hijos, en ciertas ocasiones éstos no reciben su mensaje de amor. No es lo mismo *ser* amado que *sentirse* amado; es necesario que los padres tomen conciencia de lo importante que es el cariño. Por eso, permanentemente deben expresárselo a su niño, diciéndoselo y demostrándoselo (abrazándolo, sentando a éste en las rodillas, etc.).

Así pues, los padres tienen la enorme responsabilidad de brindar a sus hijos una adecuada estabilidad emocional, y gran parte del éxito de esa tarea reside en ayudar a sus niños a desarrollar altos niveles de autoestima.

El primogénito, desde luego, se forma una imagen del hermanito, y ésta puede ser positiva o negativa. En este último caso, los padres deben cambiarla, o mantenerla, en caso de ser positiva, haciendo que el nuevo niño se convierta en una fuente de beneficios, es decir, que a través suyo el primogénito obtenga el cariño y la atención de sus padres, e inclusive, recompensas materiales; de esta forma, la relación afectiva del niño con su hermano será más sólida y positiva.

ELIMINAR LOS CELOS EN EL PRIMER NIÑO

A menudo, los padres pretenden erradicar los celos como parte de los sentimientos de sus hijos, pero lamentablemente no siempre se puede lograr esto. Algunos autores consideran que el tratar de eliminar los celos por completo es como tratar de evitar que el niño se resfríe.

Los celos se presentan en cualquier momento de la vida del individuo, constituyen parte de la vida misma, pero este sentimiento no debe afectar en forma significativa ni patológica la personalidad del niño.

Debido a ello, se debe ayudar a que el niño minimice este sentimiento negativo que debilita permanentemente su autoestima. De manera general, los celos se producen cuando una persona se siente en desventaja respecto de otra; y es la naturaleza misma del hogar la que deberá brindar la seguridad necesaria, para evitar los celos infantiles.

¿SERÁ PROBABLE QUE ESTOS SENTIMIENTOS NEGATIVOS SE MINIMICEN?

Si el niño experimenta celos cuando se siente en desventaja, la forma de que disminuya la frecuencia de ese comportamiento consistirá en reducir las situaciones que lo produzcan.

Naturalmente, se debe lograr que el niño eleve su autoestima, dándole confianza para que así se sienta menos amenazado por las ventajas de los demás. Si el niño sabe que ocupa una posición de importancia ante las personas que le son significativas no tendría dificultad en compartir el cariño, y su contacto social con otros niños y con sus hermanos será mejor que el de un niño inseguro e ignorante de su valor personal.

¿A QUÉ EDAD ES MÁS IMPACTANTE LA LLEGADA DEL PRIMER HERMANO?

Posiblemente la edad en que tiene mayor influencia el nacimiento del primer hermano es entre los dos y los nueve años, sin que esto constituya una regla. Los padres que se ven en problemas con sus hijos mayores de nueve años, o menores de dos, podrán someterse al programa que se explica más adelante, adaptándolo, obviamente, a la edad de su niño.

¿QUÉ HACER CUANDO VA A LLEGAR O YA HA LLEGADO EL PRIMER HERMANITO?

Controlar las propias conductas

Una vez que los padres hayan leído el programa, deberán ponerlo en práctica a partir del punto en que se encuentren; es decir, si la mamá está aún embarazada empezará el programa desde la primera parte; si el niño ya nació, entonces lo hará a partir de la segunda.

Es importante que los padres sepan que al participar de un programa de esta naturaleza, son ellos quienes, mediante una técnica de autocontrol, lograrán prevenir o eliminar la presencia de comportamientos indeseables en su niño. A diferencia de otros programas, en este caso son ellos quienes se prestan a control, y no el niño.

Cuando los padres llevan a cabo un programa de autocontrol disponen la situación de tal manera que su propio comportamiento se ve gratificado de alguna forma. O sea que comportándose de un modo específico con su niño, habrá más probabilidad de que obtengan una mayor estabilidad emocional en su hogar, mayor tranquilidad y equilibrio en el niño y en todas las personas que los rodean.

Los padres deberán modificar en forma deliberada los acontecimientos anteriores y posteriores a la conducta específica que adoptarán para lograr el objetivo.

Al ser los padres quienes controlan su conducta hacia el niño, ellos mismos pueden cuantificar sus respuestas, logrando de esta forma advertir sus errores y corregirlos. Debido a esto, los puntos del presente programa deben ser registrados objetivamente en forma cuantitativa y cualitativa para así evitar el error de juzgar el propio comportamiento con base en criterios subjetivos.

Todo éxito debe ser recompensado

Es necesario que la persona que está autocontrolando su comportamiento busque la recompensa adecuada, para administrarla tan pronto haya emitido la conducta esperada, con el fin de aumentar la posibilidad de que este comportamiento deseable vuelva a presentarse. De manera general, las consecuencias materiales son importantes. Muchas veces resulta útil despojar a la persona de algunas de sus pertenencias significativas y, a medida que va logrando éxitos en su comportamiento, se le devuelven como recompensa.

Ya se dijo que en este programa quienes se autocontrolan son los padres; ahora bien, es probable que éstos no reciban la guía u orientación de una persona especializada, debido a ello se requiere que antes de dar inicio al programa, elaboren una lista de todos aquellos premios que usarán inmediatamente después de lograr uno o varios éxitos con sus hijos.

Cuando los papás tropiezan con dificultades al emitir un comportamiento es importante que una vez logrado se recompensen positivamente de inmediato. Cuando el comportamiento no es difícil de realizar, deberán recompensarse sólo hasta que hayan completado cierto número de comportamientos. El criterio para determinar esta cifra lo elegirán los padres con base en sus dificultades.

A continuación se listan algunas posibles recompensas para los padres:

- Satisfacer un *hobbie.*
- Fumar un cigarrillo.
- Tomar un café.
- Comer alguna golosina (chocolate, dulce, chicle).
- Salir a cenar juntos (y solos).
- Ir al cine.
- Mirar la foto de su hijo, esposa, etcétera.
- Comprar un pastel.
- Salir de visita.
- Oír música.
- Tocar un instrumento.

Los premios deberán ser utilizados exclusivamente cuando los padres hayan emitido el comportamiento adecuado, y no en cualquier otro momento, ya que perderían su valor gratificante.

Realizar el programa

El programa está compuesto de 22 pasos y se divide en dos partes; la primera, antes del parto, y la segunda, después del mismo.

Los padres deberán leerlo íntegramente y luego cumplir con cada uno de los pasos; cada vez que se cumpla con uno de ellos, deberán registrarlo en el cuadro respectivo.

Pasos antes del nacimiento

1. Mostrar al niño, mediante el ejemplo de otras personas, el significado positivo de tener un hermano. Por ejemplo, presentar al niño hermanitos que juegan juntos y que son muy amigos; a otro niño que es muy feliz porque tiene una hermanita a la cual quiere y cuida mucho (15 veces al mes).

2. Hablarle al niño permanentemente de lo gratificante que será tener en casa un nuevo compañero. Decirle, por ejemplo: cuando llegue tu hermanito, ya no estaremos tan solos, vamos a tener un compañero que debemos cuidar mucho y que nos acompañará siempre; o: cuando llegue tu hermanito, ya no dormirás solo en tu recámara y tendrás alguien que te acompañe y con quien puedas jugar. Es muy importante aclararles que será un bebé lo que vendrá, pues generalmente esperan al hermanito para jugar con él de inmediato y se llevan una sorpresa desagradable al ver que no es así (15 veces al mes).

3. Explicar al niño la alternativa de los dos sexos. Mostrarle las ventajas de cada uno de ellos. Por ejemplo, si nace del mismo sexo que él, decirle que podrán jugar con los mismos juguetes; si nace del sexo opuesto, decirle que será una gran cosa que ambos se enseñen los juegos relativos a su sexo (muñecas, autos). De esta forma el primogénito no se desilusionará con el nacimiento del hermano (cinco veces al mes).

4. Mostrar al niño fotografías de bebés de su mismo sexo y del sexo opuesto. Este punto es importante, porque muchas veces él se imagina cosas equivocadas sobre el niño que vendrá. Por ejemplo, un niño que observó el nacimiento de unos gatitos se formó la idea de que el nacimiento del hermano sería algo parecido, y que tendría un gatito por hermanito (cinco veces al mes).

5. Pedirle que realice un dibujo del hermanito que vendrá.

Este punto es para niños que se encuentran en edad preescolar o escolar. Si el dibujo no está claro, dígale que lo explique y disipe cualquier duda existente acerca del esquema corporal del bebé. Si el niño aún no ha aprendido a dibujar, pídale que le explique hablando, y de la misma forma, disipe cualquier duda que pudiera tener (tres veces al mes).

6. Ofrecer al niño un regalo que "traerá" el bebé cuando llegue. Se trata de sugerirle posibles regalos y que elija el que más le agrade. El padre debe recordar esta promesa, y cumplirla el mismo día del nacimiento del bebé; es probable que ese día se le olvide el regalo por estar muy ocupado, debido a ello, es mejor que lo compre con anticipación (cinco veces al mes).

7. Explicar al niño acerca del cuidado físico que debe tener cuando llegue el bebé. Mostrar al bebé como un ser indefenso, que requiere permanente atención y cuidado, con el fin de que crezca sano y pueda convertirse en un amiguito de juegos que viva en la misma casa (10 veces al mes).

8. Explicarle al niño que a la llegada del bebé deberá compartir con éste muchas de sus pertenencias. Como juguetes, ropa que ya no le queda, así como los nuevos juguetes que vaya obteniendo. De esta forma se pueden evitar posibles conductas de egoísmo (ocho veces al mes).

9. Pedirle al niño que obsequie a su hermanito uno de sus juguetes y una de sus prendas de vestir. Estos obsequios los guardará el mismo hasta el día del nacimiento. Tanto el juguete como la prenda deben ser de gran significado para él, puesto que no tendría ningún valor si le regalara algo que no le gusta o que no necesita (cinco veces al mes).

10. Decirle al niño que el bebé estará muy orgulloso de tener un hermano como él. Este punto es importante para afianzar la autoestima del niño y darle mucha seguridad (15 veces al mes).

Prevenir posibles riesgos

Un gran porcentaje de estos puntos se realiza en el terreno puramente verbal, es decir, mediante palabras. La preparación para un acontecimiento por venir no se puede hacer de otra forma, salvo recurriendo a la imaginación del niño (en cuanto a las características gratificantes del acontecimiento).

Sin duda, las palabras tienen poder, pero conviene recordar que son menos significativas que las actitudes y comportamientos que las acompañan. Generalmente los niños aprenden con más facilidad cuando se les enseña a través de ejemplos, constituyéndose sus padres en modelos para ellos. Las reflexiones serias, lógicas y racionales carecen de sentido para un niño pequeño ante un acontecimiento que desconoce.

Así pues, la ejecución de los pasos se hará con cuidado, considerando la importancia del número de veces que se ejecutan, el momento, el sitio y la forma en que se realizan. No deben hacerse las reflexiones en un lugar y tiempo poco propicios; por ejemplo, no se le pedirá a un niño que le obsequie su juguete al hermano cuando se le acaba de llamar la atención por algo y pueda estar enojado o molesto. Tampoco se le pedirá que obsequie su juguete nuevo o favorito, ni el oso de peluche con el que duerme. Las peticiones deberán ser en el momento oportuno (cuando todos estén de buen ánimo), razonables y bien justificadas.

Asimismo, es muy importante que los padres se encuentren siempre atentos para reforzar de manera consistente al niño cada vez que haga comentarios positivos y favorables en relación con la llegada de su hermanito.

Forma de registro

Los padres deberán elaborar una tarjeta para cada mes, a partir del sexto de embarazo, y registrar con una cruz el número de veces por mes que han realizado cada paso (tabla 11.1). Dado que los padres no efectuarán todos los pasos cada día, o en un solo día, se establecerá un porcentaje óptimo o ideal, y uno mínimo, para cada mes.

Los padres deberán tratar de acercarse al puntaje óptimo. En la tabla 11.1, al lado de cada paso, hay un número: la cantidad óptima de veces que conviene realizar cada paso. Igualmente, este número se encuentra al final de la explicación de cada paso.

La misma tabla 11.1 explica de manera gráfica la distribución ideal para la ejecución de los pasos a lo largo del mes. Se debe tratar de realizar los pasos en forma espaciada y no agruparlos en un determinado periodo del mes, es decir, realizar uno de los pasos cada dos días, y no 15 veces durante los dos últimos días del mes.

Tabla 11.1. Pasos del programa antes del parto.

	Días del mes																														Total
Pasos	1	2	3	4	5	6	7	8	9	10	11	12	13	14	15	16	17	18	19	20	21	22	23	24	25	26	27	28	29	30	
1	X		X		X		X		X		X		X		X		X		X		X		X		X		X		X		15
2		X		X		X		X		X		X		X		X		X		X		X		X		X		X		X	15
3	X							X					X						X							X					5
4			X								X					X						X						X			5
5	X														X															X	3
6			X				X										X					X					X				5
7	X			X			X			X			X			X				X			X			X				X	10
8		X		X					X					X				X			X			X				X			8
9	X						X					X							X							X					5
10		X		X		X		X		X		X		X		X		X		X		X		X		X		X		X	15
																															86

Porcentaje óptimo = 86
Porcentaje mínimo = 75

Calificación

Si los padres advierten que alguno de los pasos requiere mucho esfuerzo (se olvida o no le gusta hacerlo), deberán premiarse sus éxitos de manera continua, por ejemplo, cada dos veces en que realizó con acierto la actividad. Pero si advierten que no requiere gran esfuerzo, deberán premiar su comportamiento al final del mes, siempre y cuando se haya alcanzado el mínimo requerido.

Pasos después del nacimiento

11. Tener preparado el regalo. (Del paso 6.) Se debe procurar que el niño vaya de visita al hospital, o clínica, el día del nacimiento del bebé. Los padres deberán entregarle el regalo en nombre del bebé y, si es posible, conseguir que este último se encuentre en el cuarto en el momento de hacerlo (una vez al mes).

12. Lograr que el niño visite a la mamá en el hospital o clínica. Todos los días del periodo en que la mamá se encuentra en la clínica. Durante estas visitas, el niño debe establecer contacto con el bebé: podrá tocarlo y acariciarlo cuanto quiera; los padres le explicarán previamente que debe tener especial cuidado de no lastimarlo. También supervisarán con cuidado estos primeros contactos, hasta lograr que el niño acaricie con delicadeza a su hermanito; asimismo, presentarán al bebé a su hermano mayor, recalcando que es un ejemplo de hermano a quien todos quieren mucho y de quien él deberá aprender (tres veces al mes).

13. Suplir la ausencia de la mamá en la casa. Sin duda esto es algo difícil de lograr, no obstante se debe procurar que durante la estancia de la mamá en el hospital, el niño no sienta abandono ni soledad. Las personas que lo rodean, el padre, abuelos, tíos e inclusive la empleada doméstica, deben tratar de suplir el papel de la mamá (una vez al mes).

14. Realizar las actividades de cuidado del bebé en compañía del primogénito. Una vez que la mamá está en casa, cuando tiene que arreglar la cuna del bebé, darle la leche, cambiarlo, etc., y el niño se encuentra cerca, no debe sacarlo de la habitación ni incomodarse con él. Al contrario, debe buscar que él participe en estas actividades, invitándolo a que la ayude. Inclusive, si el niño no se encuentra cerca, la mamá puede buscarlo para hacer la tarea con el bebé. Esto le hará sentir que se le necesita y que es un hermano importante (15 veces al mes).

Comúnmente se piensa que el primogénito no debe estar presente en las actividades de cuidado que tiene la mamá con el bebé, inclusive, los padres tratan de que el niño permanezca el menor tiempo posible en el hogar durante el día (lo mandan donde los abuelos o tíos); pero esto no es efectivo, pues al volver a casa el niño no se acostumbra fácilmente a compartir sus actividades con el hermanito. Es mejor que el niño participe de estas actividades con la mamá de forma natural, espontánea y, sobre todo, paulatina.

15. Pedir al niño que dé los pañales. Este paso debe ser realizado permanentemente. Si el niño ya es mayorcito, hasta se le puede pedir que seleccione el juego de pañales que usa el bebé. Esta instrucción debe dársele haciendo hincapié en la responsabilidad que tiene el niño sobre el bebé, naturalmente que con dulzura y suavidad, sin forzarlo; y cuando lo ha hecho, la mamá debe agradecérselo de manera efusiva y cariñosa, e inclusive premiarlo de vez en cuando (20 veces al mes).

16. Permitir que el niño ponga talco al bebé en los pies luego del baño. Al igual que con el paso anterior, la mamá debe permitir al niño que participe permanentemente en esta actividad (10 veces al mes).

17. Decir al niño que puede acariciar al bebé cuando lo desee. Explicándole que debe tener cuidado de no lastimarlo, pero expresándole que está usted muy satisfecho de tener un hijo tan maduro y tan bueno, que quiere a su hermanito (20 veces al mes).

18. Decirle al niño que se quede al cuidado del bebé. La mamá debe dar al niño esta responsabilidad cuando ella sale de la habitación del bebé por periodos cortos, con el fin de evitar cualquier peligro. Usted debe premiar al niño cada vez que lo ha hecho (ocho veces al mes).

19. No decirle nunca al niño. ¡Cuidado!, ¡Déjalo!, ¡No toques a tu hermano!, ¡sal del dormitorio! o frases similares (cero veces al mes).

20. Decirle al niño. (Sobre todo cuando es torpe con el bebé.) Tu hermanito es muy chico, necesita que tú lo quieras y lo cuides porque eres su hermanito mayor y sabes muchas cosas que él todavía no sabe; y tú debes enseñárselas. Cuando la mamá hace estas reflexiones debe hacerlo con cariño y serenidad. La mamá debe premiarlo cada vez que el niño haga esto (15 veces al mes).

21. Pedir al niño que ayude a dar el biberón al bebé. La mamá debe estar presente mientras el niño lo hace, para evitar cualquier riesgo (15 veces al mes).

22. El niño debe ser un modelo para el bebé. La mamá debe hablar al bebé permanentemente, sobre todo mientras lo cuida, y aprovechar toda oportunidad para enaltecer las cualidades del primogénito y ponerlo de ejemplo. Decirle: No debes llorar cuando te bañas, tienes que aprender de tu hermanito, que no llora cuando se baña. El niño debe saber que es un modelo de mucho prestigio para su hermano menor. Sin embargo, esto debe ser así solamente al principio, mientras el segundo niño no entiende bien lo que se le dice, porque luego se le pueden crear ciertos resentimientos (15 veces al mes).

Forma de registro

Al igual que en los primeros 10 pasos, es conveniente que los padres elaboren una tarjeta para cada mes, a partir del nacimiento del bebé, y registrar con una cruz el número de veces al mes que cumplen con los pasos (tabla 11.2).

Se sugiere que los padres obtengan una distribución semejante a la tabla 11.2 tratando de alcanzar también el puntaje óptimo.

Calificación

Los padres la harán inmediatamente después de haber emitido su comportamiento-tarea, y deben realizarla de la misma forma que en los primeros 10 pasos.

PARA OBTENER UN MAYOR ÉXITO

A lo largo del programa se han descrito comportamientos específicos que deben ser emitidos por los padres del niño. Naturalmente, los padres que no desean enfrentarse con las dificultades en la educación de su primogénito cuando llega el hermanito, o que desean subsanar errores una vez nacido el bebé, cumplirán con el programa de la mejor forma posible. No está de más considerar algunos aspectos que a menudo desatienden los padres, pese a estar conscientes de su importancia. Nos referimos al comportamiento afectivo.

Es evidente que los padres en ningún momento dudan de querer "realmente" a sus hijos; sienten que si éstos desaparecieran de pronto, sufrirán un dolor intenso. No existe duda que se les valora y ama entrañablemente; sin embargo, este aprecio se pierde muchas veces, hasta el grado de que pasa inadvertido para los niños.

Tabla 11.2. Pasos del programa después del parto.

	Días del mes																														*Total*
Pasos	1	2	3	4	5	6	7	8	9	10	11	12	13	14	15	16	17	18	19	20	21	22	23	24	25	26	27	28	29	30	
11	X																														1
12	X	X	X																												3
13	X																														1
14	X		X		X		X		X		X		X		X		X		X		X		X		X		X		X		15
15		X	X	X		X	X	X		X		X	X	X		X		X	X	X		X		X	X	X		X		X	20
16	X			X				X				X		X		X				X			X			X			X		10
17	X	X	X		X	X	X		X	X	X		X	X	X		X		X	X	X		X		X		X		X		20
18	X					X					X				X				X			X				X			X		8
19																															0
20	X		X		X		X		X		X		X		X		X		X		X		X		X		X		X		15
21		X		X		X		X		X		X		X		X		X		X		X		X		X		X		X	15
22	X		X		X		X		X		X		X		X		X		X		X		X		X		X		X		15
																															123

Porcentaje óptimo = 123
Porcentaje mínimo = 115

Los padres en verdad lo sienten, pero los hijos no pueden darse cuenta de ello. Con frecuencia los padres son absorbidos en extremo por las dificultades de la vida cotidiana y el mejor blanco para descargar las tensiones son los hijos, quienes, de alguna manera, siempre emiten comportamientos que se prestan a las "explosiones" de los padres (por ejemplo, que el niño derrame el aceite del bebé).

Generalmente, no se piensa que estas relaciones de continuo roce con el niño son las que dan forma a su personalidad, y que viviendo en un ambiente de constantes incomprensiones y gritos, sus comportamientos serán los de un desadaptado dentro del medio en que se desenvuelva.

Las relaciones que establecen los padres con su hijo deben estar siempre acompañadas del componente afectivo; éste brindará al niño gran seguridad en sí mismo y en sus padres.

RELACIONES DEL NIÑO CON OTROS MIEMBROS DE LA FAMILIA

Un último aspecto que se debe considerar, también de gran envergadura, es el de las relaciones que establece el niño con otros miembros de la familia que no sean los padres.

Muchas veces, los padres cuentan con las bases necesarias para la educación de sus hijos, pero estas otras personas, probablemente con buenas intenciones, intervienen en forma negativa.

Las personas allegadas al niño también deben llevar a cabo el programa y colaborar con los padres a evitar los celos entre hermanos.

COMENTARIO FINAL

La efectividad del programa radica en la disponibilidad de quienes lo ejecutan. Previamente, los padres deben analizar su relación de pareja y su estado de ánimo para iniciar cualesquiera de los programas señalados.

En el momento de los problemas, deben controlar más cuidadosamente su comportamiento, así tendrán la satisfacción de ver que los resultados de su labor, generada por el amor a sus niños, se traducen en estabilidad, confianza en sí mismo y, desde luego, en la ausencia de comportamientos desadaptativos.

BIBLIOGRAFÍA RECOMENDADA

Biddulph, S. (1996). *El secreto del niño feliz*. Madrid: Edaf.

Herron, R. y Burke, R. (1998). *La crianza práctica de los hijos*. Nebraska: The Boys Town Press.

Ovejero Bernal, A. y Rodríguez Días, R. J. (2000). *La convivencia sin violencia*. Alcalá. Sevilla: Eduforma.

CUARTA PARTE

Problemas académicos

Problemas académicos

12

Cómo motivar al alumno a estudiar

Guido Aguilar

LOS NIÑOS QUE NO ESTUDIAN

¿Por qué no estudian los niños?

Los niños no estudian por una razón muy sencilla: no les interesa. ¿Cómo va a interesarles sentarse toda la tarde a leer, estudiar y hacer tareas, cuando podrían estar jugando o haciendo algo que verdaderamente les gusta? A los niños no les interesa el estudio, a menos que alguien les haga atractivo y entretenido el estudiar y aprender las materias impartidas en la escuela. Si bien es cierto que esta labor corresponde fundamentalmente a los maestros, también es tarea de los padres. Y cualquiera de los dos que descuide su labor –interesar al niño en el estudio, las tareas y el aprendizaje– será responsable de un alumno que estudia poco, no hace las tareas, ni se esfuerza por aprender lo que se le enseña en el colegio.

Algunos padres (y algunos maestros) amenazan al pequeño estudiante: si no estudias, te daré una paliza; o bien: si no estudias, reprobarás el curso. No se dan cuenta que para el niño el reprobar no significa nada… salvo una paliza. Amenazar no es, en ningún caso, *interesar* al niño en el estudio; y si con la amenaza le queda algún interés, será sólo el de evitar una paliza o un regaño, pero no el de estudiar. Es decir, al niño nunca podrá gustarle el estudiar ni el aprender si lo ve asociado con castigos y situaciones indeseables para él.

Otros padres (y/o maestros) pretenden hacer reflexionar al niño hablándole muy seriamente de las ventajas que tendrá en el futuro: si estudias, podrás desempeñarte bien en la vida; o bien: si eres aplicado llegarás a ser un gran profesional, o sermones por el estilo. Pero el niño, en su mundo infantil, no se da cuenta de lo que le quieren decir exactamente. Apenas comprende por qué se lo dicen. Estos argumentos son en verdad pobres para un niño cuya única certeza es que quieren obligarlo a hacer algo que no le gusta y le aburre (estudiar), para lograr algo que no sabe qué es ni para qué sirve (desempeñarse bien en la vida, ser un buen profesional).

Otros niños sufren la mala suerte de tener padres (y/o maestros) descalificadores; éstos creen que interesarán al niño en el estudio si lo *hunden* y lo hacen sentir ignorante: eres un tonto, ignorante, no sabes nada; o bien: jamás vas a lograr nada porque no sabes nada, eres un inútil. Pero tales niños tampoco aprenderán a gustar del estudio, porque hagan lo que hagan siempre los seguirán aplastando. Al final, terminarán odiando todo lo relacionado con el aprendizaje y la cultura. Y peor aún, estarán mentalmente convencidos de que no saben ni sirven para nada, de que son unos don nadie, de que no tienen valor como personas ni podrán tenerlo.

Con lo poco que se ha dicho basta para poder afirmar que si a un niño no le gustan el estudio, las tareas o aprender, la culpa no pertenece sólo al estudiante; culpables son también, en parte, los padres, los maestros, o ambos. Por ello, si un niño carece de interés en el colegio, lo primero que debemos revisar será el comportamiento de los padres y los maestros, en relación con la actividad académica del niño. Resulta más fácil y más cómodo culpar al niño que investigar los errores que uno pueda tener al respecto.

Muchos padres y maestros se preguntarán, preocupados: de acuerdo, pero si no hago eso, ¿qué hago entonces? Un poco más adelante ofreceremos varias alternativas cuya utilidad ha sido demostrada en nuestro medio; y proporcionaremos programas motivacionales (para interesar al niño). Pero antes es necesario abordar un problema importante: los antivalores del estudio.

En varios países latinoamericanos encontramos un problema adicional: el estudiar, el ser buen alumno ha llegado a ser un antivalor; los niños se burlan del que estudia, lo consideran un conformista y lo aíslan; inclusive, en ciertos lugares existen términos especiales y despectivos para ellos. Por todo esto, debemos tener especial cuidado para motivar (interesar) a los niños en el estudio, haciendo del aprendizaje un valor positivo, deseable y buscado. Antes de abordar la forma de hacerlo, conviene revisar otros elementos importantes, como son el papel que desempeñan los exámenes y las tareas en la educación.

¿Qué son los exámenes y las tareas (deberes)?

Muchos padres y maestros se han olvidado de cuáles son los verdaderos valores y objetivos de la educación escolar, y han llegado a hacer un mito de los exámenes y las tareas; muchas personas hoy día creen que el objetivo de la educación es lograr que los alumnos rindan excelentes exámenes y hagan todos los días tareas; consideran que el buen alumno es aquel que saca buenas notas y tiene siempre al día sus trabajos escolares. Sin embargo, nada puede estar más equivocado que este concepto.

Y a propósito, ¿a quién se considera un buen maestro? Uno puede ser muy exigente con sus alumnos, obligarlos a leer muchos libros de literatura, a realizar resúmenes y críticas literarias, y hacerlos que escriban composiciones en verso y prosa. Este profesor tal vez consiga que sus alumnos rindan buenos exámenes y pasen el día ocupados en las tareas de literatura. Pero si al término del curso el niño se siente liberado de la enorme presión que le representaba ese trabajo, termina por odiar la literatura, y nunca más vuelve a tocar un libro, diremos que el curso no sirvió de mucho... aunque el alumno haya logrado las más altas calificaciones.

Puede haber otro maestro que no dé muchas tareas a sus alumnos, que no atribuya una excesiva importancia a las notas de los exámenes, pero que se esfuerce por hacer que los estudiantes aprecien la literatura y lleguen a disfrutar la lectura y la composición. Si al finalizar el curso el alumno continúa leyendo, escribiendo y sigue interesado por la literatura, diremos que el curso cumplió con sus objetivos: que el alumno conozca la literatura, que sepa usarla, hacerla y disfrute de ella. El buen maestro es aquel que logró cumplir con los objetivos del curso, aunque las notas obtenidas por el alumno no sean muy elevadas.

Al hablar de *maestros* nos referimos a toda persona que enseña algo. Y en este sentido, nos referimos tanto a los maestros escolares como a los padres, que siempre enseñan a los niños.

¿Qué son entonces las tareas?

Son algunos recursos de los que se vale el profesor para enseñar mejor; pero no tienen la importancia que a veces se les da. Una persona que enseña debe cuidar dos cosas: que el alumno aprenda lo que debe saber y que le guste aprender lo que se le enseña. Y ninguna es menos importante que la otra. Generalmente, las personas saben qué es lo que deben enseñar, pero no siempre saben cómo hacer para que al niño le guste aprender. Más adelante daremos pautas de cómo lograrlo.

¿Y qué son los exámenes?

Los exámenes son diagnósticos. Son pruebas que sirven para detectar qué es lo que el niño sabe, hasta qué punto lo sabe y qué le falta por aprender. De esta manera, un examen es un instrumento que posee el maestro para saber en qué área le falta preparación al niño y poder así ayudarlo mejor, pero no para reprobarlo. Si todo el grupo falla en cierta área del examen, el problema estará en el método con que se enseñó y habrá que revisarlo. Pero eso no significa que los alumnos sean tontos ni que el profesor sea malo. Sencillamente, significa que deberá mejorar su forma de enseñanza. Tener la oportunidad de saber en qué se está fallando (para mejorarlo) es algo definitivamente positivo... pero que en el pasado se enfocó de manera inapropiada.

El hecho de que a un alumno le falte preparación en un área en la que el resto del grupo no tiene problemas, significa que ese niño carece de motivación (interés) en la materia, o que no tiene base suficiente como para entenderla adecuadamente; de nuevo: si al niño le falta interés, es porque no se le motivó de manera apropiada y debe trabajarse en ello. Si le falta la base, habrá que buscar la forma más apropiada para enseñársela.

Un problema en la educación es que muchos de sus recursos se asocian al castigo: algunos maestros dan tareas o deberes como castigo, no como premio. Si un alumno no aprendió bien, los maestros y/o padres se enojan con él, lo cual hace que se sienta "malo" o "tonto", por lo que dedican al estudio más esfuerzo y tiempo sólo a regañadientes. Y si un estudiante no tiene la suficiente base como para aprender, algunas veces se le baja de grado como un castigo. Afortunadamente, ya tomamos conciencia de los efectos perniciosos del castigo, y hoy son menos los padres y maestros que lo usan.

Resumiendo: el objetivo de la enseñanza no es que los alumnos hagan tareas y rindan exámenes, sino que aprendan, les guste aprender y continúen aprendiendo, aunque la enseñanza formal haya terminado. No hay buenos ni malos alumnos, así como no hay buenos ni malos profesores; pero sí hay buenos y malos métodos de enseñanza.

PROGRAMA 1 DE MOTIVACIÓN: ¿CÓMO INTERESAR AL NIÑO EN EL ESTUDIO?

Para que el estudio y el aprendizaje sean valorados por el niño y lleguen a enseñarle, es necesario hacer que le gusten. Si en lugar de amenazas y castigos logramos asociar el estudio con premios, alabanzas y una serie de cosas que el niño quiere, necesita y busca, habremos conseguido el objetivo. Pero para alcanzar ese fin es necesario disponer las cosas de una forma muy especial. A continuación daremos algunas de las pautas más importantes para que el niño se interese por sus estudios.

1. Cada vez que el niño esté estudiando o haciendo tareas, muéstrese satisfecho de él y hágalo notar. La aprobación de los padres (y maestros) es importante para el niño, y si él se da cuenta que la logra estudiando, empezará a estudiar más, mejor y de buena gana.

Con frecuencia los padres (y maestros) regañan al niño por no estudiar, pero no le dicen absolutamente nada cuando lo hace. Esto es un error. Debemos fijarnos más en lo bueno que realiza el niño que en lo malo. Prestar más atención a lo que hace bien impulsa al niño a centrarse en ello; y más aún si se lo hacemos notar. Por eso, no dude en mostrar su satisfacción al niño cuando lo vea estudiando o haciendo tareas. Y puede hacerlo en forma de una sonrisa, acompañada de unas palmaditas en el hombro y unas palabras de aliento: me siento orgulloso de ti cuando te veo tan trabajador y responsable, o algo semejante. Conviene aclarar que nunca debe recurrirse a frases sarcásticas, irónicas o burlonas, como: vaya, así que el jovencito decidió estudiar al fin, o cosas parecidas. Busque siempre expresiones positivas, de felicitación, orgullo y satisfacción; sobre todo, hágalo de manera genuina. El niño es muy perceptivo y puede darse cuenta cuando una felicitación es mecánica y poco auténtica; si esto pasa, el programa puede fallar.

2. Entréguele pequeños premios cuando lo vea estudiando y haciendo tareas. Déle un dulce en el momento en que está estudiando, un chocolate, el vestido para la muñeca o el carrito que tanto quería, mostrará al niño que su esfuerzo es recompensado. Eso le hará tomar conciencia de que estudiar es algo bueno, que trae beneficios y que es reconocido, aprobado y premiado por las personas más importantes para él: los padres. Déle esos pequeños premios no sólo cuando lo vea estudiando, sino también cuando llegue a casa y el niño le muestre todas sus tareas terminadas. Esto ayudará a que el niño trabaje no sólo cuando usted está presente, sino en todo momento.

Premiar al niño durante e inmediatamente después del estudio desarrollará su gusto e interés por lo que hace.

3. Al principio, alabe y premie al niño cada vez que estudie y haga sus tareas. Esto hará que estudie mucho más que antes y que tome al estudio con más interés. Dicho interés es un tanto artificial: trabajará más por el reconocimiento, la aprobación y el premio, que por el estudio mismo. Pero ello ocurrirá sólo al principio.

4. Cuando esté trabajando más, empiece a fijarse en la calidad. Ahora felicítelo y prémielo sólo (o especialmente) por las tareas bien hechas (por ejemplo, con buena letra, lindos dibujos, ordenadas, cálculos correctos, etc.). Esto hará que empiece a cuidar más la calidad de sus trabajos. Revísele las lecciones. Inicialmente, no dé mucha importancia a lo que haya hecho mal o a lo que no sepa bien. Céntrese en lo que sabe bien y en lo que haya hecho correctamente, alábelo y prémielo. Por ejemplo, si supo bien una respuesta, dígale entusiasmado: ¡muy bien!, te felicito, realmente aprendes rápido, o estoy orgulloso de ti, eres muy inteligente, etc. Déle un pequeño premio (un dulce, un poco de helado, refresco o algo que le guste).

Es importante saber que los premios deben ser cosas pequeñas y que le gusten al niño. Si le damos una barra entera de chocolate, o un paquete de galletas, puede ser mucho; es mejor dar una galleta, un trozo de chocolate o un dulce. También pueden ser premios más importantes, como un carrito, una muñeca pequeña, etc., pero estas cosas un poco mayores sólo deberán darse de vez en cuando. No aconsejamos cosas muy grandes como un tren eléctrico o una bicicleta, que pueden utilizarse efectivamente, pero no en este tipo de programa, sino en el contexto que veremos más adelante.

Después de un tiempo, empiece a mostrarse *ligeramente* insatisfecho con lo que el niño hace mal (aunque centrándose siempre en lo que hace bien). Tenga presente, sin embargo, que es muy importante explicarle con calma y con todo detalle qué es lo que hizo mal, por qué está mal y cómo debería hacerlo para que fuera correcto. Si se limita a premiar aciertos e ignorar o desaprobar errores, usted no estará enseñando nada al niño, sino simplemente seleccionando lo que él aprendió por su propia cuenta. Y no se trata de eso, sino de enseñarle y que aprenda con gusto, de manera fácil y sintiéndose apoyado.

5. Cuando la calidad del trabajo sea buena, empiece a eliminar gradualmente los premios y aumente sus alabanzas por estudiar. No es conveniente otorgar premios permanentemente; eso requiere mucho esfuerzo y dinero. Con los premios se interesó al niño en algo que no le gustaba, pero en este punto, al niño no sólo le gustará, sino que le encantará estudiar y hacer tareas. Entonces, es momento de eliminar los premios, gradualmente, con el fin de que el niño no se dé cuenta siquiera que se los estamos quitando. Hacerlo de golpe sería muy peligroso; podría ocasionar una súbita falta de interés del niño por la escuela, lo que haría inútil todo el trabajo anterior. No aconsejamos eliminar los premios pero sí disminuirlos. Al reducir gradualmente los premios, debemos aumentar las muestras de satisfacción por el estudio, para que el cambio pase inadvertido.

6. Por último, elimine gradualmente las alabanzas por el estudio. Nunca se eliminarán totalmente, al igual que los premios. Revisar las tareas una vez al día y expresar al niño nuestra satisfacción por lo bien hechas que están es una costumbre que deberá quedar para siempre; entregar un pequeño premio cada semana será también una buena costumbre.

Para entonces, los premios y las alabanzas habrán dejado de ser lo más importante: el niño empezará a encontrar cosas interesantes en el estudio, haciéndolo gratificante. También se habrá ganado la aprobación de los maestros y la admiración de los hermanos y algunos compañeros, por ser buen alumno, y de allí en adelante, todo será cosa fácil. Al niño le seguirá gustando aprender y estudiar, y el interés por sus tareas será permanente y natural.

Algunos detalles importantes

Para que el programa anterior sea altamente efectivo y de verdadera utilidad es importante tener en cuenta algunos detalles técnicos:

1. **¿Para qué dar premios y alabar su estudio?** Lo ideal es expresar con palabras nuestra satisfacción por todo lo que el niño haga bien. Esta es una excelente costumbre que le da oportunidad de saber si está haciendo lo que se espera de él, y si lo está haciendo bien o no. Además, le permite lograr algo que todo niño busca: la atención de sus padres. Si el niño carece de ella, hará cualquier cosa (especialmente portarse mal) para obtenerla. Si mediante el estudio la consigue, cada vez estudiará más y mejor. La atención deberá darse en forma de alabanza, cada vez que el niño esté trabajando en sus tareas, leyendo o estudiando.

¿Y los premios? Los premios constituyen un recurso adicional para lograr que el estudio y el aprendizaje le gusten aún más. No siempre que el niño esté estudiando se le dará un premio, pero sí es conveniente dárselo unas tres o cuatro veces por semana, cuando haya trabajado más o mejor que de costumbre, por poco que haya sido. Esto le ayudará a que desempeñe sus actividades escolares con mayor disposición y calidad.

2. **¿En qué momento se deben dar los premios y elogios?** Los elogios son sumamente efectivos si los padres los dan mientras el niño está estudiando o inmediatamente después de terminar su estudio; también cuando él responde correctamente, al comprobar que sabe la lección, que realizó bien sus tareas, al obtener una buena nota, etc. Es decir, los elogios son efectivos y recomendables siempre que el niño se halle estudiando, o tan pronto termine de hacerlo.

Por otra parte, los premios deben ser manejados con mucho cuidado. Sólo deben darse al niño *inmediatamente* después de haber concluido una buena tarea o de saber muy bien su lección. Nótese el énfasis que hacemos en que sea inmediatamente después (unos pocos segundos, en lo posible). Esto se debe a que un niño hace las cosas con una rapidez asombrosa; si tardamos varios minutos en ir a buscar su premio y dárselo, puede ser que el niño ya esté comportándose de manera indeseable (por ejemplo, pegando a su hermanito) y al entregarle el premio en ese momento, estaremos premiando su mal comportamiento, no su aplicación en el estudio. Por eso, debemos premiar al niño tan pronto como sea posible, después del estudio o la tarea.

3. **¿Quién deberá elogiar y premiar el estudio del niño?** Es importante que no lo haga una sola persona, pues en ese caso el niño trabajará en sus labores escolares únicamente en presencia de esa persona. Por ello, aplicar un programa motivacional entre el padre, la madre, algún tío de prestigio para el niño, los abuelos y la maestra será más eficiente que si lo aplica sólo la madre. De esta manera, el niño estará

estudiando constantemente, recibiendo por ello aprobación permanente de diferentes personas.

Un detalle esencial es que las personas que trabajen en la motivación del niño deberán ser personas de cierto prestigio para él; de lo contrario, el efecto de una alabanza será mínimo, e inclusive un premio resultará poco efectivo.

4. ¿Cuándo avanzar hacia el paso siguiente? La señal para pasar de un escalón a otro la dará el cambio en el comportamiento académico del niño. Primero, debe lograrse que estudie más y haga sus tareas; una vez conseguido esto –el niño estudia mucho más que antes– empiece a tratar de mejorar la calidad de su estudio y trabajo. Únicamente cuando el niño esté trabajando más y mejor que antes, inicie la disminución gradual de los premios, y aumente los elogios. Si este paso está bien logrado, el niño seguirá estudiando igual o más que con el paso anterior; de ser así comience a disminuir paulatinamente la frecuencia con que alaba o elogia a su hijo.

Si en alguno de los pasos del programa el niño empieza a descuidar los estudios, significa que se avanzó muy de prisa. En ese caso, vuelva inmediatamente al paso anterior y continúe trabajando así hasta alcanzar el ritmo que tenía antes. Intente avanzar de nuevo, cuidando la forma de hacerlo; debe ser muy gradual, sin que el niño note lo que está ocurriendo (que casi no se percate que el programa está avanzando).

Recordemos que si el programa no funciona, ello no se debe a que el niño sea incapaz o tonto, sino que hemos avanzado demasiado aprisa, hemos programado mal los pasos, o bien, no hemos puesto en práctica el programa de la manera indicada.

5. ¿Qué premios dar al niño? Aconsejamos premios pequeños, mismos que se pueden dividir en algunos grupos:

a) Comestibles: galletas, dulces, helados, golosinas, chocolates, refrescos, papas fritas, palomitas de maíz, etcétera.
b) Juguetes: carritos, aviones, muñecas, libros de cuentos o para colorear, rompecabezas, marcadores, cuadernos, lápices de colores, cubos, etcétera.
c) Actividades: ir al cine, a un partido de futbol, a un paseo, excursiones, etc. Sin embargo, las actividades deben manejarse con cuidado para poder darlas de manera inmediata (más adelante trataremos una forma de emplear estos premios).

Es muy importante que el premio consista en algo que le guste realmente al niño. Hace tiempo, un padre me decía preocupado que el programa no funcionaba bien con su hijo. Revisamos el procedimiento completo y estaba aplicado de manera correcta. Entonces le pregunté qué premio daba al niño; muy orgulloso el padre respondió: chocolates. Le pregunté si a su hijo le gustaban los chocolates y dijo: no, no le gustan, pero son tan ricos... Es importante que el premio otorgado le guste al niño... no al padre.

Otra madre ofrecía a su hijo calcetines, porque, según ella, le hacían falta. Sin embargo, al niño no le interesaban en absoluto, a pesar de necesitarlos. De este modo, el programa nunca será efectivo.

Por otra parte, conviene utilizar premios variados: si el premio siempre es el mismo, el niño puede aburrirse, con lo que el premio pierde su eficacia. Si bien esto es válido fundamentalmente para los premios comestibles, un mismo tipo de juguete o una misma actividad también pueden llegar a cansar al niño.

UN PROGRAMA PARA QUE EL NIÑO TRABAJE TODO EL AÑO

A continuación se ofrece otro programa para interesar al niño en sus estudios (véase programa 2); en general, este programa es más rápido que el anterior, en el sentido de que el niño empieza a trabajar y a esforzarse de inmediato; sin embargo, sus efectos duran únicamente mientras dure el programa. Por el contrario, el programa 1 es más lento, pero una vez concluido, el niño seguirá interesado en el estudio y así trabajará por tiempo casi indefinido.

Premios por pasar de curso: ¿Sirven de algo?

Cuando un niño tiene problemas en sus estudios, le cuesta mucho o no le interesa trabajar; con frecuencia (los padres y maestros) se limitan a ofrecerle un premio importante si aprueba el curso: si pasas el curso te compraré una bicicleta; o, si tienes buenas notas, tendrás la casita de muñecas; sin embargo, de todas maneras los niños reprueban. ¿En dónde está el error? Hay varios errores en esto:

1. Pasar de curso implica muchas conductas: estudiar, hacer tareas, rendir buenos exámenes, estar atento en clases, trabajar en el curso y en la casa e interesarse por lo que aprende. El ofrecer un premio al finalizar el año escolar significa decir: interésate solo y sin que yo te ayude y, si apruebas, te doy un premio. Por el contrario, los padres deben colaborar para que el niño se interese en sus actividades. Y deberán hacerlo atendiendo cada una de las conductas que finalmente conducen a aprobar el curso: hacer tareas, estudiar, prepararse para los exámenes, etc. Es, pues, un error pretender que el niño trabaje apropiadamente con el ofrecimiento de un premio al final del curso.

2. Un error grave de este procedimiento es que el premio no se entrega inmediatamente después de estudiar, sino mucho después de haberlo hecho. Por ello, el niño no llega a establecer la relación directa entre premio y trabajo, con lo cual, el acto no cumple su objetivo. Es mejor no premiar que premiar de manera incorrecta.

3. Ofrecer premios muy grandes también es un error. Una casita de muñecas, un tren eléctrico, una bicicleta o un viaje, son cosas tan grandes que resultan muy difíciles de entregar de manera inmediata; pero lo más importante es que no pueden darse de a poco, gradualmente, como premio a conductas sencillas, concretas y pequeñas. No vamos a darle una cámara fotográfica cada vez que veamos estudiando al niño, ni una grabadora cada que haga bien sus tareas o sepa la lección. Es preferible dar cosas pequeñas, concretas y manejables: un dulce, una galleta, una goma de borrar, una lapicera, etcétera.

Lo anterior muestra la inconveniencia de emplear este sistema tan común en nuestro medio. Proporcionaremos a continuación un programa sencillo, mucho más efectivo y fácil de poner en práctica.

PROGRAMA 2 DE MOTIVACIÓN: ECONOMÍA DE FICHAS

Se plantea al niño como un juego de interés mutuo, en el cual puede ganar un determinado número de fichas que posteriormente puede canjear por premios, en función de la calidad de su trabajo. Cuando se habla de fichas nos referimos a fichas plásticas, como las de póker. Se trata de construir dos carteles. En el primero, se incluyen las actividades académicas requeridas para ganar las fichas y el número de fichas que se van a ganar por cada una.

En el ejemplo del cuadro 12.1 se da al niño una ficha diaria por llevar su libreta de tareas, una adicional por cada tarea terminada y bonificaciones (de una ficha) por hacerla con buena letra, limpia y ordenada. Se le puede dar una ficha por estudiar o leer, pero dos por responder correctamente a preguntas sobre lo leído y estudiado. Se trata de hacer preguntas básicas, no rebuscadas. Recuerde, estamos buscando motivar, interesar al niño en el estudio.

Cuadro 12.1. Actividades requeridas para ganar fichas.

Actividad	*Núm. fichas*
Llevar la libreta de tareas	1
Buena letra	1
Limpia y ordenada	1
Hacer un trabajo	3
Estudiar media hora	1
Responder correctamente a 8/10 del material estudiado/leído	2
Leer media hora	1
Calificación con 80%	1
Calificación con 90%	2
Calificación con 100%	3
Hacer una tarea 80% correcta	1

Cartel de premios

Lo que al niño verdaderamente va a interesarle –inicialmente– es el cartel de premios. Éste es abierto, en cualquier momento puede incluir algo nuevo, con la aprobación de los padres. Eso sí, son los padres quienes establecen el costo de los mismos. En el cuadro 12.2 puede apreciarse un ejemplo de este tipo de cartel.

Algunos detalles de importancia

1. Las fichas, idealmente, tienen que darse de manera inmediata a la presentación de una tarea o trabajo. Lo más tarde que puede darse la ficha ganada por una actividad académica establecida en el cartel de actividades (cuadro 12.1) es al final del mismo día. Dejarlo para el día siguiente desmotiva al niño y se presta a confusiones y malentendidos innecesarios

2. Las fichas que use tienen que ser infalsificables. Por ejemplo, si usa cuadrados de cartón, el niño puede reproducirlos. Puesto que las fichas adquieren un valor adquisitivo importante, hay que evitar los riesgos, las tentaciones y las falsificaciones.

3. Por lo mismo, hay que guardar las fichas en un lugar seguro, inaccesible para el niño.

4. Si va a utilizar el programa de fichas con dos o más niños, consiga fichas de diferente color para cada niño. Eso evitará robos, préstamos y manejos no autorizados.

5. El niño puede escoger como premio (cuadro 12.2) cualquier cosa que quiera, siempre y cuando los padres estén de acuerdo. Por ejemplo, si el niño quiere un rifle de balines y los padres no apoyan las armas, están en todo su derecho de vetar el premio.

6. El premio tiene que estar muy bien especificado para evitar problemas posteriores. Por ejemplo, si el premio es "un chocolate", es necesario especificar la marca y el tipo de chocolate para evitar pleitos posteriores porque el padre había pensado en un chocolate sencillo, mientras que el niño había pensado en otro más grande y costoso.

Cuadro 12.2. Listado de premios y su costo en fichas.

Tipo de premio	*Premio*	*Costo en fichas*
Comestible	1 chocolate	3
	1 paquete de galletas	3
	1 paquete de papas fritas	2
	1 malteada	4
	1 hamburguesa	5
	Su platillo favorito	5
Juguetes	1 carrito	8
	1 rompecabezas	8
	1 avión de armar	10
	1 pelota	12
	1 tren eléctrico	50
	1 bicicleta	60
Actividades	Ir al cine	7
	Ir al futbol	7
	Invitar a un amigo a casa	5
	Ir de visita a casa de un amigo	6
	1 viaje	100
	Jugar pelota con papá	3

7. Las fichas, una vez entregadas al niño, son responsabilidad de él. Déle un frasco de plástico transparente para que las guarde. Así puede verlas, contarlas, etc. Si las pierde, es su responsabilidad haberlas perdido, son irremplazables.

8. No vale fiar. Si el niño quiere ganar algunas fichas adicionales, no le dé ninguna por adelantado o a cuenta de trabajos futuros. Según el programa, puede, en cualquier momento, ganar fichas adicionales leyendo o estudiando periodos de media hora.

9. En el momento en que el niño quiere un premio, si tiene las fichas requeridas, hay que dárselo. Lo ideal es darle el premio requerido el mismo día que lo pide. Lo más que puede postergarse la entrega de un premio, sin afectar la motivación, es al día siguiente. Cumpla con su parte del trato.

10. Si el niño presenta las fichas requeridas para un premio y se portó mal, hay que separar ambos casos. Por un lado, cumpla con el premio que ganó justamente con esfuerzo académico: déle el premio. Por otra parte, imponga un castigo (si fuese necesario), o consecuencia por la mala conducta, en un área que no interfiera con la del premio.

11. No compre premios con anticipación. Los niños son muy variables y cambian de ideas y de opinión. Hemos visto innumerables casos de padres que compran premios y finalmente los niños escogen otro... muchas veces, sabiendo que si los padres ya tienen el primero, tarde o temprano se lo van a dar.

Es mejor funcionar de acuerdo con la disponibilidad del mercado: si en el momento en que el niño tiene las fichas suficientes para comprar un premio, éste no existe en tiendas, no es problema de los padres. El niño tendrá que escoger dentro de las posibilidades que le ofrece el mercado. Si desea esperar, es decisión del niño. No se deje manipular, si algo no está a la venta no es su culpa.

12. Siéntase libre de dar una ficha adicional, cuando la calidad de trabajo, tarea o esfuerzo lo amerite. Maneje el programa con flexibilidad, pero de manera consistente.

13. Los costos de los premios son clave. El niño debería poder ganar algo sencillo con el esfuerzo diario y poder ganar premios más complejos (y posiblemente caros) ahorrando sus fichas. La elección es del niño.

Lógica del programa

El programa busca una motivación inicialmente externa (los premios) para una conducta que al niño presuntamente no le interese mucho (lo académico).

Sin embargo, al administrar el programa, el primer logro suele ser que por primera vez el niño deja de pelear con los asuntos académicos y le encuentra algún interés (aunque sea tan externo y artificial como los premios). Eso mejora no sólo la disposición, actitud y motivación del niño hacia sus estudios, sino que mejora la relación niño-padres. Esto debido a que tanto el niño como los padres empiezan a centrarse en aspectos positivos del estudio.

Conforme el niño trabaja externamente motivado (por los premios), empieza a sacar mejores calificaciones y puntuaciones, descubre su propia capacidad, obtiene mayor reconocimiento de maestros, padres y compañeros y, al dejar de pelear con los estudios, poco a poco empieza a disfrutar los interesantes temas que ofrece la educación. Esto, gradualmente, conduce a un verdadero y auténtico interés en los temas académicos, con la consiguiente motivación interna. Después de unos meses de alta motivación y rendimiento, puede descontinuarse el programa, previa explicación al niño, siempre teniendo en cuenta que resulta sano dar premios y muchos reconocimientos al niño por su esfuerzo y por sus éxitos económicos.

El sistema funciona emulando el sistema económico real de los adultos, en donde se trabaja y se recibe un cierto pago por ello. Además de motivarlo a estudiar, enseña al niño a ahorrar, guardar, planificar y administrar sus fichas, con lo cual aprende también a controlar su impulsividad y a postergar la gratificación.

Los dos programas descritos en este capítulo son compatibles y complementarios. Use uno, el otro o ambos, según sus posibilidades y necesidades.

BIBLIOGRAFÍA RECOMENDADA

Gilbert, I. (2005). *Motivar para aprender en el aula. Las siete claves de la motivación escolar*. Buenos Aires: Paidós.

González Fernández, A. (2005). *Motivación académica*. Madrid: Pirámide.

McCombs, B. L. y Pope, J. E. (1994). *Motivating hard to reach students*. Washington, D. C.: American Psychological Association.

McCombs, B. L. y Wisler, J. S. (2000). *La clase y la escuela centradas en el aprendizaje*. Buenos Aires: Paidós.

13

Mi hijo no quiere asistir al colegio

Guido Aguilar

El niño que se niega a asistir a la escuela representa un problema distinto al del niño que no estudia. En general, el miedo es la causa por la que un niño no quiere asistir a la escuela. Pero, ¿miedo a qué? Puede ser a muchas cosas, así es que vamos a revisar los principales tipos de miedo relacionados con la escuela, y algunas formas de eliminarlos. No vamos a dar un tratado sobre el miedo, por lo que obviaremos la forma como se causan y extienden. Nos limitaremos a describirlos y a dar alternativas concretas para solucionarlos. Tampoco se pretende abordar todos los tipos de miedo, sino únicamente explicar los más comunes y frecuentes, de manera que los programas aquí propuestos sean de utilidad práctica para muchas personas.

TIPOS DE MIEDO ESCOLAR

1. Temor al desastre, a las muchedumbres y a lo desconocido. Muchos niños que rehúsan asistir al colegio no lo hacen por miedo al colegio mismo, sino por miedo a salir de su casa. Estos niños temen que un desastre les ocurra a ellos o a sus padres, y debido a eso, buscan no separarse de éstos por periodos prolongados. En realidad evitan salir de casa, pues allí se sienten seguros. Otros niños temen enfrentarse a muchedumbres y personas extrañas (como los maestros y otros niños) y a lugares que no conocen. Este tipo de niños no querrá asistir al colegio, pero no sólo al colegio, también se mostrarán temerosos de salir a las calles, ir a una fiesta de cumpleaños, y tal vez también sientan temor a la soledad, la oscuridad y otras situaciones.

2. Miedo y ansiedad a separarse de la madre. Este es un caso muy frecuente que, estrictamente, tampoco corresponde a un temor al colegio. Este tipo de niño llora, grita y patalea ante la sola idea de separarse de la mamá (o del papá); son los niños que arman escándalo no sólo cuando los dejan en el colegio, sino también en cualquier ocasión que tengan que separarse de su madre. El problema aquí es de sobreprotección al niño, pero no es tanto problema del niño como de la madre.

Hay cosas que los niños necesitan aprender por sí mismos: si un niño no se cae, no aprenderá a caer; si un niño no hace sus propias labores, no aprenderá a hacerlas; es decir, si los padres se ocupan de solucionarle todos los problemas, el niño no aprenderá a resolverlos. En eso consiste la sobreprotección. Al proteger al niño más de lo necesario, lo que hacemos es anularlo y prácticamente invalidarlo. Por eso, un niño sobreprotegido se sentirá totalmente desamparado sin su madre, y lo más natural es que defienda a toda costa su seguridad, rehusando separarse de sus padres para asistir al colegio.

3. El niño inseguro. Cuando los padres rechazan al niño, le prestan poca atención o lo agreden y descalifican, creándole una enorme inseguridad. Este niño se apreciará poco a sí mismo, pensando y sintiendo que no vale nada y que es un inútil. Este niño irá temeroso e inseguro al colegio, si es que se atreve a ir, y en general, buscará no asistir a lugares extraños donde espera recibir lo único que conoce hasta el momento: rechazo, agresión y descalificación; y respecto de ir al colegio, lo evitará a la primera manifestación que él considere en su contra (suelen ser niños muy susceptibles, desconfiados y retraídos). En este caso, si bien hay que ayudar al niño el principal cambio deberá darse en el comportamiento de los padres hacia su hijo.

4. Conflictos entre los padres y el colegio. Si existe algún problema entre la dirección del colegio (y/o los maestros) y los padres, el niño hará lo posible para no ir al colegio. Aunque los padres se resistan a creerlo, las situaciones conflictivas entre ellos y el colegio (debidas a falta de pago, malas relaciones entre padres y maestros, etc.) pueden crear tal temor en el niño que éste buscará por todos los medios no asistir a la escuela hasta que el problema haya quedado resuelto.

5. Temor por problemas académicos. Cuando el niño no entiende a sus maestros en clases, no sabe las lecciones, no ha hecho las tareas o no está preparado para los exámenes, hará lo posible por no ir al colegio. Algunas veces, esto es transitorio (un día o dos); pero si el niño está consciente de no saber lo que ya saben sus compañeros y teme que le pregunten sin saber la lección (con lo que haría el ridículo en clases), entonces preferirá no ir a la escuela, se indispondrá en clases, enfermará, le darán mareos, dolores de estómago, náuseas y podrá llegar, inclusive, a los vómitos y a los desmayos. Sin embargo, es importante tener presente que las enfermedades de un niño (en casa o en el colegio) no siempre se deben a que tiene miedo de ir al colegio. Si se realizan los análisis médicos pertinentes y se encuentra que el niño está sano (no tiene problemas físicos) y continúa sintiéndose enfermo en clases o antes de ir, sólo entonces se concluirá que dichos síntomas se relacionan con su miedo de asistir al colegio.

6. Temor por problemas interpersonales en el colegio. Aparte de los problemas académicos, el miedo del niño a la escuela puede deberse a alguna relación difícil con cualquier persona del colegio: un maestro amenazante (gritón, castigador, descalificador) o compañeros abusivos.

Los comportamientos específicos que utilice el niño en esta situación pueden ser los mismos que en el punto anterior: fingir enfermedades o enfermarse realmente, resistirse y llorar para que no lo lleven al colegio, o fugarse del mismo.

7. Miedo y ansiedad condicionados. Cuando el niño tuvo algún accidente en el colegio, o camino de él, ocurre un proceso que se da sin participación voluntaria del niño. Hace poco tiempo vi a un pequeño que estaba enfermo y vomitó en el jardín de niños, y la maestra lo obligó a comerse su vómito. El pequeño estudiante se sintió peor que nunca en su vida. Desde ese día, el niño no pudo ir más al colegio. Al salir de su casa rumbo a la escuela, el niño empezaba a sentirse mal: le transpiraban las manos y la cabeza, le dolía el estómago y se le aceleraban las palpitaciones cardiacas; empezaba a ponerse pálido y en algunas ocasiones se llegó a desmayar. A medida que se acercaba al colegio, estos síntomas se hacían más marcados y más molestos. Los padres, al saber lo ocurrido, lo cambiaron de colegio, pero fue inútil: el problema persistió, a pesar de que el niño quería volver a la escuela. El problema era "más fuerte que él". Otro niño fue arrollado por un automóvil cuando se dirigía a clases, desde entonces, cada vez que salía de su casa rumbo al colegio, empezaba con taquicardia, sudación y desvanecimientos.

Lo que hubo aquí fue un proceso de condicionamiento (o asociación): el choque emocional fue tan fuerte para ambos que se quedó asociado (condicionado) al colegio. El solo hecho de estar en la escuela o aproximarse a ella provocaba en los niños reacciones automáticas de miedo y ansiedad que no podían controlar; en estas condiciones, los niños se resistían a ir al colegio.

Sin embargo, existen algunas situaciones que sin ser tan trágicas causan los mismos resultados. Por ejemplo, la suma de varios acontecimientos (iguales o diferentes) infortunados, ocurridos en el colegio o relacionados con él, pueden hacer que el niño tenga ansiedad (miedo anticipado o inespecífico) en relación con el colegio.

¿CÓMO AYUDAR AL NIÑO A VOLVER AL COLEGIO?

Si el niño no va al colegio, lo primero que deberá usted hacer es identificar el tipo de miedo que él tiene, pues un tratamiento equivocado servirá de poco. Atenderemos los casos de niños que no quieren ir al colegio, de acuerdo con los tipos anteriormente revisados. Si le cuesta identificar el problema de su hijo, o si el problema no estuvo considerado aquí, consulte a un psicólogo.

1. El niño que teme a los desastres, a las muchedumbres y a lo desconocido. Los niños aprenden lo que oyen. Si un niño tiene temor a los desastres, es porque en su casa se lo han enseñado de alguna manera. Y esto ocurre generalmente cuando los padres son pesimistas o con frecuencia comentan desastres delante del niño. Si es este el caso, deberá hacer lo siguiente:

Programa de independencia

a) Acuerde con toda la familia poner especial cuidado en hablar de temas alegres y optimistas delante del niño.
b) Cambie las lamentaciones pesimistas del niño: cada vez que él hable de desastres, demuéstrele que las cosas no siempre son así; en lugar de ello, déle una visión optimista y positiva de los hechos que ocurren.
c) No espere a que se presente la ocasión para ayudar al niño: búsquela, indúzcala y provóquela. De lo contrario, la ayuda tardará mucho tiempo.
d) Haga que el niño escuche ideas optimistas y cambie su concepción pesimista.

e) Elogie al niño cuando opine o comente algo de manera favorable y optimista.

f) Empiece por alabarlo cada vez que haga un comentario favorable de algo, por poco positivo que sea. Háblele de lo orgulloso que se siente usted de su optimismo; no importa si exagera algo. Luego, poco a poco, alábelo por comentarios y opiniones cada vez más optimistas.

g) Por último, comente favorablemente sólo las opiniones que en verdad sean optimistas.

h) Al llegar a esta etapa, favorezca básicamente el optimismo de un modo realista.

De esta manera, el niño dejará de pensar en desastres y tendrá una buena base de seguridad para desarrollar un aprendizaje académico adecuado y un pensamiento positivo.

Programa de sociabilidad

Si el niño teme a las muchedumbres y desconfía de la gente desconocida (adultos y niños), lo que le falta es sociabilidad. Para lograr que el niño sea más sociable, haga lo siguiente:

a) Empiece por invitar a un niño muy sociable y comunicativo a casa. Haga que el amiguito traiga un juguete, chocolate, o algo que puedan compartir en juegos. Si para su hijo un niño demasiado sociable es una amenaza, escoja uno que no sea tan sociable.

b) Cuando su hijo se vaya haciendo más amigo de este niño (después de una, dos o tres visitas), invite a un segundo amiguito; luego a un tercero, un cuarto y un quinto (uno por uno). Después de un par de días, todos estarán jugando juntos e integrados.

c) Haga que el niño vaya a casa de estos amiguitos.

d) Además de los niños, introduzca uno y luego dos adultos que jueguen con ellos y les enseñen cantos, cuentos y algunas otras actividades.

e) De ser posible, haga partícipe del programa a la maestra, con el fin de asegurar una mejor transferencia del ambiente de juego al aula de clase.

f) Felicítelo y prémielo por hacer amigos, por los logros que tenga con ellos, por compartir, jugar y aprender en grupo.

Este procedimiento ayudará a los niños a ser más sociables, a no temer a los extraños (ni a los niños ni a los adultos) y les dará seguridad en sus relaciones interpersonales; además, los hará cada vez más independientes.

2. El niño que teme la separación de la madre. Este tipo de problemas pueden solucionarse básicamente de la misma manera señalada para los casos en que falta sociabilidad.

Sin embargo, esto es sólo una parte; también es importante cambiar el comportamiento sobreprotector de la madre. Y si bien ello requiere algo más que una pequeña orientación general, recomendamos a la madre lo siguiente:

a) Déle libertad a su niño. Déjelo que corra, que se caiga, que se ensucie, se tire al suelo y que juegue como quiera. No esté siempre detrás de él: déle libertad, lo cual no implica abandonarlo; tome las precauciones necesarias para que no sufra accidentes, pero déjelo actuar por sí mismo.
b) No solucione los problemas del niño si quiere que él aprenda a hacerlo por sí mismo; si no encuentra su juguete, que lo busque él; si el amigo lo golpeó, dígale qué hacer... pero no lo haga usted por el niño. Deje que se las arregle como pueda, pues esa es la única forma de que aprenda a resolver sus propios problemas.
c) Felicítelo y prémielo cada vez que se comporte de manera independiente, ya sea en el juego, al opinar, al tomar decisiones, o en cualquier otra actividad.
d) En un principio, felicítelo y prémielo por logros de independencia relativamente pequeños, pero claros; luego, de manera gradual, empiece a exigir mayor libertad e independencia para alabarlo y premiarlo.
e) Al mismo tiempo que realiza lo anterior, aplique el programa de sociabilidad.

3. El niño inseguro que teme ir a la escuela. Si los padres desean ayudar realmente a su hijo inseguro, deben empezar por cambiar su comportamiento hacia el niño. De ello dependerá no sólo el éxito del programa, sino el futuro del niño. Básicamente, lo que debe hacerse es (y nótese que empezamos por los padres y sólo después se trabajará con el niño) lo siguiente:

- Entre el papá y la mamá (o los encargados), revisen de manera cuidadosa lo que hacen con el niño. Pregúntense lo siguiente: ¿Lo castigan con frecuencia? Lo ofenden, descalifican, o molestan los hermanos?
- Una vez detectado el problema es importante ponerse de acuerdo en cuál será la solución. En general, debe hacerse lo contrario de lo que antes se hacía: si le pegaban, no pegarle más y demostrárselo con cariño; si lo insultaban y lo hacían a un lado, deberán hablarle con respeto y cariño, y tomar en cuenta sus deseos y opiniones. Si alguno de sus hermanos lo degrada y molesta, habrá qué solucionar esto primero.
- No hay que esperar pasivamente a que se presenten las oportunidades para demostrar cariño al niño. Es necesario buscar, introducir y producir las condiciones para hacerlo. De lo contrario puede pasar mucho tiempo antes de lograr un cambio.
- Durante todo el programa será importante que los padres no peguen ni castiguen severamente al niño; si éste se comporta de manera inadecuada y/o los padres encuentran difícil autocontrolarse (para no pegarle, no insultarlo o para escucharlo con paciencia), lo aconsejable es consultar a un psicólogo, para encontrar alternativas viables.
- Una vez que los padres tengan clara la forma de comportarse, y estén trabajando activamente en ello, se empezará a trabajar con el niño. Conviene poner en práctica el programa de sociabilidad descrito para los niños que temen a las muchedumbres y a lo desconocido. Si el niño va obteniendo seguridad afectiva con sus padres, este otro programa le ayudará a sentir seguridad en su relación con otras personas.
- Cuando esté trabajando ya en socialización, convendrá que los padres apliquen también el programa de independencia descrito para el niño que teme la separación de la madre. Así, con el cambio de comportamiento de los padres, el niño tendrá seguridad afectiva; con esta base, podrá tener relaciones interpersonales satisfactorias. Todo ello le ayudará a ser un niño seguro e independiente.

4. Conflicto entre los padres y el colegio. Cuando el temor del niño se debe a algún conflicto entre los padres y los maestros, lo único recomendable es que se solucione el conflicto. Una situación conflictiva de esa naturaleza es fuente constante de preocupación para el niño, pues representa un peligro que él percibe como real (aunque los padres no lo consideren así).

En ocasiones los padres intentan convencer al niño de que su temor es injustificado, pero eso resulta poco útil; otras veces, tratan de hacer del niño su cómplice o aliado. Pero eso no hace más que continuar y aumentar el problema. Esto no quedará superado a menos que el conflicto termine y el niño se convenza de ello. Si esto no es posible, lo mejor será cambiarlo de colegio.

5. Temor por problemas académicos. Es relativamente frecuente que los niños rezagados en las lecciones, y que por lo mismo no están al nivel académico de sus compañeros, empiecen a poner pretextos para no ir al colegio. En realidad, temen a la riña o a la burla de la maestra o de sus compañeros; temen quedar como tontos o hacer el ridículo. En estos casos, la única alternativa que podemos ofrecer aquí es consultar a un psicólogo, a un experto en educación especial, o bien ponerle una maestra que se encargue de regularizarlo en los estudios, si es que los padres no pueden hacerlo. Los programas correctivos son fáciles de aplicar si se motiva de manera adecuada al niño y se dispone de un buen programa. Lamentablemente, no podemos incluirlos aquí por razones de espacio, pues éstos son procedimientos específicos que atienden problemas específicos; y sería muy extenso tratar en este lugar todos los posibles problemas que pueda tener un niño en español, biología, ciencias sociales, matemáticas, etc. Sólo para problemas en la lectura y/o escritura se ofrece en esta obra un capítulo especial, debido a que es un problema muy frecuente entre los niños pequeños. Sin embargo, el problema debería abordarse en coordinación con la escuela, para lograr una adecuada solución.

Resumiendo, si el niño teme ir al colegio a causa de su inseguridad académica, la única alternativa es trabajar en su regularización tan pronto como se detecte el problema; y si es posible, conviene hablar con la maestra para que le ayude y no le exija más de lo que realmente sabe (hasta que se encuentre nivelado y posea el conocimiento que tiene todo el grupo). Nótese que no aconsejamos regañarlo o pegarle, sino ayudarlo.

6. Temor por problemas interpersonales. Cuando un niño no quiere asistir al colegio por tener problemas con una persona específica (por ejemplo, un compañero abusivo o uno agresivo) habrá que enseñarle a discutir, a defender sus posiciones asertivamente y, si se considera necesario, a pelear. Es decir, si tiene miedo es porque de alguna manera se siente indefenso, por lo que será importante proporcionarle el conocimiento que le falta (darle las "herramientas" necesarias).

Enseñar al niño a pelear y defenderse es una decisión que deben tomar los padres de acuerdo con sus valores. La forma de pelea es algo que corresponde a otros especialistas (por ejemplo, en karate, tae-kwon-do, judo, etc.), pero no a un psicólogo. Al respecto, lo único que aconsejamos es no hacer del niño un peleonero, sino una persona que pueda defenderse físicamente y sepa que es preferible discutir que pelear, que busque alternativas antes de hacerlo, pero que en caso de necesidad, sepa defenderse bien.

a) Al discutir, es importante no enojarse. El que se enoja pierde la discusión debido a que un alto nivel emocional interfiere con el pensamiento claro.
b) La exposición de su punto de vista tiene que ser clara y breve.
c) Deberá escuchar con atención a su adversario de discusión buscando sus errores, contradicciones y puntos débiles.
d) Para ganar la discusión, no necesita defender tanto su posición, como atacar la contraria. Si defiende, da margen al ataque. Cuando haya terminado el ataque, a manera de conclusión recalcará la solidez de los argumentos propios.
e) Si se queda sin argumentos una buena estrategia es permanecer tranquilo, únicamente refutando el argumento opuesto y afirmando el propio (afirmarlo, no defenderlo). De esta manera, gradualmente, con serenidad y seguridad se provocará enojo en el contrincante, el cual una vez enojado, será más fácil que pierda la discusión.

Si bien este programa está destinado más a ganar una discusión que a sacar provecho de ella, será de utilidad para proporcionar la seguridad inicial que el niño necesita. Pero para lograrlo es necesario practicar los principios señalados, de acuerdo con el siguiente orden:

a) El niño deberá ser capaz de repetir estos principios con sus propias palabras (no memorizarlos, sino saber los conceptos).
b) Una vez bien sabidos, empezará a practicar con sus padres. El padre hará una exposición práctica discutiendo con el hijo. Luego, el hijo conducirá la discusión, atacando al padre. Después de la práctica, el padre señalará al hijo lo que hizo bien, y por qué estuvo bien, y lo que hizo mal, por qué estuvo mal y cómo deberá mejorarlo.

c) Después de unos días de práctica intensiva, cuando ya maneje adecuadamente los principios en la discusión, se autorizará al niño a emplearlos en el colegio, con el compañero que lo molesta.

d) Cuando el niño empiece a ganar sus discusiones en el colegio y ya se sienta seguro, será importante hacer un cambio: ahora no se trata de ganar las discusiones a toda costa, sino de sacar provecho de ellas. Sólo entonces podemos decir que el niño sabe discutir. Para lograr lo anterior, deberá enseñársele (de la misma manera) a remplazar los puntos *d* y *e* por este: aprender a escuchar; entender lo que el adversario quiere decir y no lo que él quiere entender de lo que el adversario dice. Así, las discusiones le servirán para enriquecer o modificar sus propios puntos de vista.

7. Miedo y ansiedad condicionadas. Si el niño presenta este tipo de problema, el tratamiento deberá ser muy cuidadoso. Observe la siguiente instrucción tan fielmente como le sea posible:

***a*)** Contracondicionamiento imaginario. Infórmese de cómo ocurrió el accidente (o los incidentes) con todos sus detalles: ¿Qué ocurrió exactamente? ¿Cómo ocurrió? ¿Con quiénes ocurrió? ¿En qué lugar? ¿Quiénes o qué elementos estaban presentes?

***b*)** Construya (invente), junto con el niño, una lista de situaciones relacionadas y parecidas a las del accidente. La primera deberá ser muy vagamente parecida (o relacionada); la siguiente, se parecerá un poco más (incluyendo algunos elementos de los que estuvieron realmente presentes durante el accidente). De manera gradual, las situaciones o escenas se irán pareciendo más a lo que ocurrió en la realidad. La última deberá ser la representación del accidente. Como un mínimo deberán construirse 10 situaciones o escenas antes de llegar a la del accidente. Todas las escenas (situaciones) elaboradas serán ordenadas por el niño. La primera le causa poco temor, y la última, un miedo casi insostenible (tanto que le impide asistir al colegio). A lo largo de toda la lista y repetidamente deberán incluirse situaciones en (y en camino de) el colegio, mientras él está trabajando tranquilo y contento.

***c*)** Se enseñará al niño a relajarse: recostado en una cama (en un diván, o en un sillón muy cómodo) cerrará los ojos, luego se le dirá que suelte todos los músculos, uno a uno. Para lograrlo, bastará hacerle un pequeño masaje en los principales músculos (uno a uno), diciéndole que los deje muy sueltos, flojos, como muertos. Se deberán masajear los siguientes órganos: manos, brazos y antebrazos, hombros, cuello, cara (lengua, labios, mejillas, nariz, párpados, ojos y frente), espalda, pecho y estómago, glúteos, muslos, rodillas, piernas y pies.

d) El niño deberá permanecer totalmente relajado (una vez revisados los músculos señalados) unos 10 minutos. Respirando rítmica y tranquilamente, deberá fantasear (soñar despierto, pero relajado) un poco respecto de cosas que le gusten mucho. Se le dirá que no se vea actuando a sí mismo, sino que sienta que lo está viviendo realmente en ese momento. Conviene describir imágenes tranquilas, con el fin de tener la fantasía bajo control y para evitar que el niño se duerma.

e) Después de unos cuatro días consecutivos de entrenamiento (haciéndolo dos veces diarias), el niño estará listo para las escenas (imágenes) ya preparadas. Entonces, proceda de la siguiente manera: relaje al niño (cuide que esté bien relajado); una vez relajado, léale la primera de las escenas que prepararon. Recuerde que no sólo deberá imaginarla, sino vivirla en ese momento; descríbale la primera imagen dos veces en el día (y sólo la primera); el segundo día, trabaje con la segunda imagen de la misma manera, dos veces en el día; proceda de la misma forma, hasta terminar las escenas, describiendo imaginariamente cada una dos veces al día; si nota que el niño se pone tenso, incómodo o nervioso al momento de alguna descripción, elimine la vivencia y relájelo de nuevo. Cuando eso sucede es que el paso de la escena anterior a la que se describe en ese momento es muy grande (no está bien graduada). Entonces improvise una escena intermedia y descríbasela, tratando de que el niño permanezca relajado, tranquilo y sereno.

f) Cuando haya llegado (procediendo de esta manera) a la última escena y note que el niño se siente cómodo y puede vivirla imaginariamente sin problemas, pase a la siguiente fase del programa; si al llegar a la última escena nota al niño un poco tenso, nervioso y/o difícil de relajar, vuelva a la última vivencia en la que el niño pudo relajarse bien, y empiece a trabajar nuevamente de allí en adelante.

g) Lo que este procedimiento logra es bajar la ansiedad y el temor al accidente y al colegio (recuerde que este tipo de miedo quedó condicionado –asociado– al colegio). El siguiente paso será trabajar con acercamientos graduales al colegio, para lo cual recomendamos seguir el programa indicado más adelante, de contracondicionamiento directo (o en vivo).

En muchos casos, esta primera parte es suficiente para que el niño pierda todo el miedo que le impide ir al colegio. Pero hay otros niños que necesitan algo más, y es para ellos que se incluye la siguiente sección.

CONTRACONDICIONAMIENTO CON MODELOS

El contracondicionamiento es un principio psicológico en el que se trabaja con acercamientos graduales al objeto temido (el colegio), pero no imaginariamente, sino de manera real, valiéndose de ciertos juegos. Para ponerlo en práctica considere lo siguiente:

***a*)** La base está en cambiar el temor del niño. Pero, ¿cómo? La respuesta es: cambiando temor por agrado; donde hay agrado, no hay temor. Así pues, hay que empezar por hacer del colegio algo deseado y agradable, para ello será conveniente que el niño juegue al colegio con muñecos. Éstos deberán representar: uno al niño, otro al padre que lo lleva al colegio, otro a la maestra y otros serán los niños. No es necesario que los muñecos lleven los nombres de los personajes reales.

***b*)** En el juego participarán activamente los padres, de manera que sea más atractivo y entretenido para el niño; además, éstos pueden ocuparse de que todo el juego se desarrolle con armonía y que en el "colegio" ocurran fundamentalmente cosas buenas.

***c*)** Es posible que al principio el niño haga comportarse a sus muñecos agresiva o temerosamente. Aconsejamos dejarlo en las primeras sesiones; sin embargo, en el transcurso de los siguientes días (dos o tres), los padres empezarán a desempeñar un rol más activo con sus muñecos, generando situaciones escolares simpáticas, graciosas e interesantes. Esto hará que el niño empiece a asociar el colegio con cosas agradables.

***d*)** En un principio, el niño manejará al muñeco-alumno que va al colegio; y los padres harán lo propio con los muñecos-maestra, compañeros, padre. En una segunda fase, cambiarán el manejo de los muñecos: el padre (o la madre) manejará al alumno, y entre el niño y la madre (o padre), a los otros personajes. Es importante que durante esta fase el padre haga comportarse al alumno de la manera deseada: tranquilo y deseoso de ir al colegio, contento y alegre de estar allí. Lo anterior es fundamental, debido a que el comportamiento del padre será de mucho valor para el niño, de manera que intentará imitarlo. En una tercera fase, el niño volverá a manejar al alumno, y los padres, a los demás personajes. Es entonces cuando podrán apreciarse los cambios en el juego del niño.

e) Una vez concluida la etapa del juego con muñecos, deberá iniciarse la siguiente. Los padres volverán a jugar a lo mismo con el niño, pero ahora el juego será sin muñecos, y ellos mismos representarán a los personajes. El niño desarrollará inicialmente el papel del alumno (en realidad, se representará a sí mismo en el juego). El padre tendrá el papel de padre, y la madre, de maestra; y entre los padres harán de compañeros. Siguiendo el mismo esquema que en el juego con muñecos, deberán representar ellos mismos los personajes, cambiando luego de papeles y volviéndolos a asumir. Nuevamente recomendamos, por su importancia, la actitud positiva y de agrado que los padres deberán asumir tanto en el juego como en la vida real, frente a todas las situaciones escolares y sus diversas implicaciones.

Muchos niños tienen suficiente con el primer programa para eliminar el miedo al colegio; otros habrán necesitado el contracondicionamiento (o descondicionamiento) imaginario con el de juegos y modelos. Y otros requerirán un programa adicional: el contracondicionamiento directo, en vivo.

CONTRACONDICIONAMIENTO DIRECTO (O EN VIVO)

En este programa se trata de que al niño le guste el colegio, a través de otras asociaciones (o condicionamientos). Para lograrlo, deberán observarse los siguientes pasos:

a) Elabore una lista de las cosas que más le gusta comer al niño. Deberán ser cosas fáciles de transportar.

b) Lleve al niño a pasear por las cercanías del colegio. Durante todo el trayecto (y especialmente cerca del colegio), déle al niño golosinas, cómprele un helado, bromee y juegue con él. Haga esto unos tres días seguidos.

c) Una vez hecho lo anterior, empiece a acercarse cada vez más al colegio. Reserve las golosinas, dulces o cosas que más le gustan al niño para dárselas en el momento en que más se acerquen al colegio.

d) Repita lo mismo hasta llegar a entrar al colegio cuando éste se encuentre vacío; paséelo por las aulas y por todo el establecimiento, ofrézcale los caramelos, helados, chocolates (o cacahuates, papas fritas, palomitas de maíz) que más le gusten.

e) Luego, haga lo mismo, pero ahora con el colegio lleno, con alumnos. Esto hará asociar al niño de manera definitiva el colegio con situaciones agradables (y buscadas).

f) Desde el primer día que vaya al colegio (con alumnos), además del papá (mamá o encargado), la maestra también le obsequiará caramelos. De esta manera, el control empezará a pasar del padre a la maestra.

g) Gradualmente se eliminarán los caramelos del camino al colegio; y se le darán estando ya en él, de preferencia.

h) Poco a poco, el padre dejará de darle golosinas, ahora será sólo la maestra quien al final lo haga.

i) Casi sin que el niño lo note, gradualmente, la maestra dejará de darle dulces y el padre (también gradualmente) dejará de acompañar al niño a la escuela. Puede ofrecerle algunos dulces de vez en cuando al llegar a la casa, después de un día normal en el colegio.

j) Al cabo de un cierto tiempo, el niño no necesitará ningún tipo de premio o dulce para ir al colegio, pues éste ya se habrá convertido para él en un lugar agradable, en donde habrá encontrado amigos.

Si bien los programas no están trazados con demasiado detalle, siguiendo las pautas generales que proporcionan y con un poco de sentido común y buena voluntad, los problemas pueden ser resueltos efectiva y rápidamente.

¿CÓMO SABER QUÉ TIPO DE MIEDO TIENE EL NIÑO?

Para conocer la causa por la que el niño se niega a ir al colegio, aconsejamos jugar a los muñecos. Si disponemos de la situación y los muñecos apropiados, el niño representará su problema en el juego.

Es preferible siempre la evidencia directa: si el niño mismo o alguna persona cercana a él puede decirnos lo que pasó, o con base en los criterios que proporcionamos aquí se puede determinar analíticamente el problema, será mejor. Pero el juego simbólico será también una buena ayuda.

Los programas anteriores no incluyen todos los tipos de problemas que pueden originar el miedo a asistir al colegio. Únicamente se consideraron los más frecuentes e importantes. Si su niño tiene otro tipo de problema de miedo que afecte su rendimiento o asistencia escolar, le aconsejamos revisar el capítulo 4. Y si tampoco allí encuentra lo que necesita, le recomendamos que busque la ayuda profesional de un psicólogo, quien podrá orientarlo y ayudarlo a resolver el problema.

BIBLIOGRAFÍA RECOMENDADA

Bleichmar, E. D. (1991). *Temores y fobias*. Barcelona: Gedisa.
Breitmeier, I. (2003). *Cuentos que ayudan a los niños a superar sus miedos*. Barcelona: Oniro.
Chansky, T. (2004). *Freeing your child from anxiety*. Nueva York: Broadway Books.
Croti, E. y Magni, A. (2005). *Los miedos de los niños*. Barcelona: Oniro.
Echeburúa, E. (1993). *Trastornos de ansiedad en la infancia*. Madrid: Pirámide.
Last, C. G. (2006). *Help for worried kids: How your child can conquer anxiety and fear*. Nueva York: Guilford.
Monjas, M. I. (2000). *La timidez en la infancia y la adolescencia*. Madrid: Pirámide.
Morris, R. J. y Kratochwille, T. R. (1983). *Treating children fears and phobias*. Nueva York: Pergamon.
Muris, P. (2007). *Normal and abnormal fear and anxiety in children and adolescents*. Oxford: Elsevier.
Silverman, W. K. y Kurtines, W. M. (1996). *Anxiety and Phobic Disorders: A Pragmatic Approach*. Clinical Child Psychology Library.
Statman, P. (1996). *Niños a salvo en un mundo inseguro*. Buenos Aires: Paidós.

14

Cómo evitar la aparición de problemas de aprendizaje en el niño

Carmen Velasco de Torres-Goitia

¿QUÉ SON LOS TRASTORNOS DE APRENDIZAJE?

El término *trastornos de aprendizaje* se refiere a la discrepancia o desigualdad encontrada en algunos niños, entre su potencial (lo que se espera de ellos) y su actual nivel de rendimiento, en una o más de las siguientes áreas de lenguaje: habla, lectura, escritura, ortografía y cálculo. Es decir, que el niño, pese a tener la potencialidad suficiente para un buen rendimiento académico, tropieza con una serie de dificultades en el aprendizaje, retrasándose en relación con el resto de sus compañeros. De esa manera, el aprendizaje se vuelve algo dificultoso y lleno de errores en una o más de las áreas mencionadas.

El fracaso o retardo en las citadas áreas de lenguaje es causado por deficiencias en la adquisición –o consolidación– de una o más de las habilidades o funciones que son la base de todo el aprendizaje, y que constituyen el proceso psicológico del mismo.

Dado que el propósito de este libro es proporcionar programas y técnicas que hagan posible la superación de determinados problemas, revisaremos aquí algunas habilidades necesarias para facilitar la lectoescritura y prevenir así los problemas de aprendizaje más comunes.

¿POR QUÉ ES IMPORTANTE EL ANÁLISIS DE LAS HABILIDADES PARA EL APRENDIZAJE?

Se ha podido evidenciar, en numerosos estudios y por medio de la práctica profesional, que un porcentaje muy elevado de niños con trastornos de aprendizaje presentan deficiencias en la adquisición de ciertas habilidades manuales, motrices y visuales. La consolidación de estas habilidades básicas es de suma importancia, pues ellas conforman la adquisición de la llamada "madurez escolar". Ésta implica estados múltiples de aprestamiento y se traduce en un "estar listo" para determinado aprendizaje. Es el cimiento sobre el que se construirá todo el aprendizaje futuro del niño. Este aprestamiento está condicionado, en parte, por el nivel de inteligencia, por la edad cronológica exacta del niño, y también por los niveles de desarrollo de funciones –o habilidades– psicológicas básicas, mismas que pueden ser entrenadas y, por consiguiente, perfeccionadas. Los niveles de desarrollo que alcanza el niño en estas funciones son de gran importancia para la adquisición exitosa de la lectoescritura.

¿CÓMO Y CUÁNDO SE ADQUIEREN ESTAS FUNCIONES?

La adquisición de las habilidades básicas para el aprendizaje no tiene un momento preciso, ya que se trata de un proceso continuo. Son habilidades para cuya adquisición se requiere un bagaje de experiencias previo, conjuntamente con un buen desarrollo psicomotriz del niño, desde su nacimiento hasta los tres o cuatro años, edad en la que comienza la adquisición de habilidades más finas y complejas. Es en este momento –cuatro años– cuando el niño empieza el aprendizaje preescolar, iniciándose un periodo de suma importancia, ya que se enfrentará a un proceso de enseñanza dirigido y sistemático, encaminado a la adquisición de este aprestamiento ("estar listo") al cual nos referimos anteriormente.

El proceso de enseñanza de las habilidades de aprendizaje debe estar programado y planificado en forma muy cuidadosa, puesto que tiene por objeto ofrecer al niño un entrenamiento óptimo en todas las habilidades, para así lograr un afianzamiento lo más sólido posible. Desafortunadamente, no siempre se ofrece al niño este entrenamiento en forma adecuada en todas las funciones y, por consiguiente, la adquisición de las funciones se realiza en forma deficiente o defectuosa, lo cual acarrea, en la mayoría de los casos, serias dificultades en el aprendizaje de la lectoescritura, el cálculo y la ortografía (lo que se evidencia a través de múltiples errores que, a primera vista, parecen incomprensibles).

Los errores que pueden presentar los niños por deficiencias en determinadas habilidades serán descritos más adelante, cuando se realice el análisis individual de cada una de ellas.

¿POR QUÉ SE DEBE PREVENIR LA ADQUISICIÓN DEFECTUOSA DE LAS HABILIDADES BÁSICAS?

El porqué de la prevención no sólo estriba en el hecho de lograr que nuestros niños no presenten trastornos de aprendizaje, sino en la importancia que reviste para la formación global e integral del niño. Es lógico suponer que si éste inicia su aprendizaje lo suficientemente preparado y con la madurez escolar necesaria, aprenderá en forma más exitosa, lo que se traducirá en un sentimiento de agrado para el niño; entonces tendremos como resultado un niño que se siente capaz, seguro de sí mismo, feliz de ir al colegio; de ese modo, adquirirá más fácilmente el hábito de estudiar.

No está de más hacer una breve revisión de las consecuencias que acarrea para los infantes la presencia de trastornos de aprendizaje. Estos niños son los que pese a tener la potencialidad necesaria para aprender, tropiezan desde los primeros días de clase con dificultades y se retrasan en relación con sus compañeros. Por consiguiente, en el salón reciben comentarios como estos: no, lo hiciste mal; ¿por qué no haces...?; eres perezoso; hazlo nuevamente; repite; mira, tus compañeros ya saben; ¿qué pasa contigo? Comentarios que a veces ni siquiera son necesarios pues el niño por sí solo se da cuenta de que no está logrando lo que se espera de él, lo cual le producirá sentimientos de frustración, sufrimiento e inferioridad.

Desafortunadamente el asunto no se detiene allí. A partir de ese momento se corre el grave riesgo del compromiso emocional del niño, lo cual empeorará aún más la situación. Este puede presentar conductas de inseguridad, rechazo al profesor y/o al colegio, aislamiento, agresividad, apatía, bajo rendimiento en general y hasta puede llegar a ser poco solicitado o querido por sus compañeros.

¿CÓMO PREVENIR?

Es justamente en este punto que nos interesa elaborar un programa en el cual estarán metódicamente planificadas una serie de actividades y ejercicios graduados, en dificultad creciente. Este programa puede ser aplicado por padres de familia que sienten la necesidad de ayudar a sus hijos.

ASPECTOS QUE FACILITARÁN EL ÉXITO DEL PROGRAMA

Consideramos importante tomar en cuenta los siguientes puntos para lograr éxito en este programa:

1. Todos los ejercicios que se describen deben realizarse en forma de juego, con el fin de que el niño se sienta a gusto y le resulten agradables.
2. No es conveniente obligar al niño a realizar las actividades, el padre debe buscar la forma de interesarlo.
3. También debe buscar la forma de motivar las ejecuciones correctas del niño; una vez que éste las logre, debe elogiarlo y, en ocasiones, brindarle recompensas materiales que agraden al niño (como su dulce favorito o un trago de refresco si tiene sed).
4. Es importante realizar los ejercicios, no de manera automática, sino también como una forma de contacto afectivo.
5. Hay que buscar el momento propicio; nunca debe cruzarse con alguna actividad de interés para el niño, ya que si esto sucede, al niño no le gustará el programa.
6. Para la ejecución del programa se requerirá elaborar algún material; esto es sencillo, no le ocupará mucho tiempo y podrá ser de gran beneficio para otras oportunidades. El padre debe tratar que el material sea llamativo y motivante.

DESCRIPCIÓN DEL PROGRAMA

El programa se basa en ejercicios para cada una de las funciones o habilidades que consideramos importantes de afianzar. No las abarcamos todas, ya que resultaría un programa demasiado largo y pesado. Escogimos las habilidades que, según nuestra experiencia, son las que menos se ejercitan en los ciclos prebásicos, siendo, como veremos más adelante, de suma importancia.

Las funciones o habilidades como coordinación visomotriz, destreza motriz manual y lenguaje son las que más se entrenan en el ciclo prebásico, por ello consideramos que su atención no es tan apremiante como lo es la de las otras que describimos aquí.

Para facilitar la ejecución del programa, los ejercicios de cada habilidad están divididos en dos grupos; unos deberán ser realizados por el niño de cuatro a cinco años, y otros, en el periodo de los cinco a los seis años.

Programa para niños de cuatro a cinco años

Los ejercicios para cada año también podemos dividirlos en dos semestres:

Primer semestre. Aquí se ejercitan cuatro habilidades: discriminación visual, memoria visual, discriminación auditiva y memoria auditiva. El ejercitar primero estas habilidades facilitará la adquisición de las siguientes. Durante este primer semestre cada habilidad será entrenada por lo menos cinco veces por mes durante 15 minutos.

Para facilitar el cumplimiento del programa ofrecemos la tabla 14.1, en la que se deberá anotar una cruz (X) cada vez que se practiquen los ejercicios. De ese modo, usted podrá llevar un buen control de las veces por mes que está trabajando los ejercicios; cuanto más practique, mejor será el aprendizaje del niño.

Dibuje la tabla en una cartulina grande de color vistoso y colóquela en un lugar visible para el niño y para usted.

El hecho de estar cumpliendo algo tan útil para el niño es de por sí muy gratificante, pero podremos lograr mejores resultados si los padres se premian a sí mismos por los avances logrados. Por ejemplo: si el niño logra en el primer mes cumplir las cinco sesiones de ejercicios en cada una de las actividades (que todas las casillas correspondientes al primer mes estén marcadas), los padres se premiarán realizando o adquiriendo algo que deseen con intensidad (por ejemplo, salir a cenar, comprar algo, etc.). Pueden planificar de antemano los beneficios que podrán obtener cada mes, en caso de cumplir el programa.

Tabla 14.1. Registro de ejercicios del primer semestre.

Mes	*Discriminación visual*	*Memoria visual*	*Discriminación auditiva*	*Memoria auditiva*
1				
2				
3				
4				
5				
6				

Al concluir el semestre deben haberse realizado con éxito todos los ejercicios correspondientes (éstos se describen más adelante).

Segundo semestre. En este semestre se ejercitarán las siguientes habilidades: esquema corporal, organización espacial y organización temporal.

Estas dos últimas habilidades son más abstractas que el resto y requieren mayor atención, por lo que se sugiere que cada una sea practicada por lo menos seis veces por mes. Conviene anotar las ejecuciones en la tabla 14.2 de la misma forma que en el semestre anterior.

Tabla 14.2. Registro de ejercicios del segundo semestre.

Mes	*Esquema corporal*	*Organización espacial*	*Discriminación temporal*
1			
2			
3			
4			
5			
6			

Las habilidades entrenadas en el primer semestre, de cuatro a cinco años, deben ser repasadas por lo menos dos veces por semana, con el fin de mantener el nivel de entrenamiento. Para motivar e interesar al niño en la ejecución del programa use la misma tabla, explicándole que cada vez que se hace una cruz es que está aprendiendo muy bien; utilice, además, las alabanzas y pequeños premios en el momento que realice los ejercicios, especialmente cuando los ejecute bien. Hágalo participar en el momento de anotar en la tabla (con la cruz); dígale que cuando toda la fila (horizontal) esté con cruces, él tendrá un premio.

Programa para niños de cinco a seis años

En la aplicación de esta sección del programa se debe proceder de igual forma que en la primera.

Primer semestre. En este semestre se ejercitarán las habilidades visuales y auditivas, que se indican más adelante para los cinco y seis años, con la misma frecuencia que en el primer semestre de los ejercicios para niños de cuatro y cinco años, anotando en una tabla igual a la tabla 14.1 y siguiendo los mismos pasos.

Segundo semestre. Se ejercitarán las habilidades de esquema corporal, orientación espacial y orientación temporal, que están indicadas para los de cinco y seis años. El tiempo de ejecución es el mismo que para los cuatro y cinco años, debiéndose registrar en una tabla igual a la tabla 14.2.

Lo ideal sería comenzar el programa cuando el niño cumpla los cuatro años y continuar hasta los seis. Sin embargo, si el niño tiene más de cuatro y se decide llevar a cabo el programa, se sugiere empezar desde los primeros ejercicios, de ese modo tendremos la seguridad de que el niño realizará una adquisición completa de cada habilidad.

HABILIDADES VISUALES (DISCRIMINACIÓN VISUAL)

Esta habilidad implica la capacidad para reconocer y distinguir visualmente ciertos objetos e interpretarlos, asociándolos con experiencias previas.

No nos referimos a la acuidad o agudeza visual. Es aconsejable que todos los niños que inician la enseñanza escolar sean sometidos al diagnóstico de un oculista, para descartar posibles problemas de este tipo. Una discriminación visual normal tiene una directa incidencia en el aprendizaje de la lectoescritura, ortografía y cálculo. Cualquier falla o anomalía dificultará este aprendizaje.

Es importante que el niño adquiera una adecuada discriminación visual; esto es, que sea capaz de descubrir las diferencias existentes entre dos objetos (o formas) semejantes, en las que sólo varían el tamaño, la posición o el número de sus elementos.

Durante el proceso de aprendizaje de la lectoescritura y cálculo el niño se ve envuelto o enfrentado a un cúmulo de estímulos abstractos que tiene que ir diferenciando antes de aprenderlos. Este paso se le tornará imposible o muy difícil si tiene una falta o déficit en el entrenamiento de la habilidad visual. Lo anterior se manifiesta con claridad cuando el niño confunde frecuentemente las letras y números de grafía (forma) similar; es decir, que tengan algún parecido en la forma como se escriben, por ejemplo: *m* por *n* (mada por nada); *t* por *r* (tico por rico); *b* por *h* (bumo por humo); y *v* por *u* (uaca por vaca); *e* por *a*; *7* por *I;* *3* por *8;* etcétera.

Al igual que la discriminación visual, la memoria visual desempeña un papel importante. El niño debe ser capaz de evocar, de conocer, grabar, conservar contenidos y luego utilizarlos para el aprendizaje. Si el niño no posee esta habilidad, se le hará imposible retener el sinnúmero de símbolos gráficos que constituyen el alfabeto y el sistema numérico. La ortografía también se verá seriamente interferida.

Ejercicios de discriminación visual

Para niños de cuatro a cinco años (todos los ejercicios deben aplicarse en grado de dificultad creciente):

1. Marcar el dibujo que sea igual al modelo (ejercicio 1).
2. Marcar el cuadrado más pequeño y luego el más grande de acuerdo con el modelo (ejercicio 2).
3. Marcar las figuras que sean de igual tamaño que el modelo (ejercicio 3).
4. Presentar al niño formas geométricas simples (cuadrado, trián-

Ejercicio 1

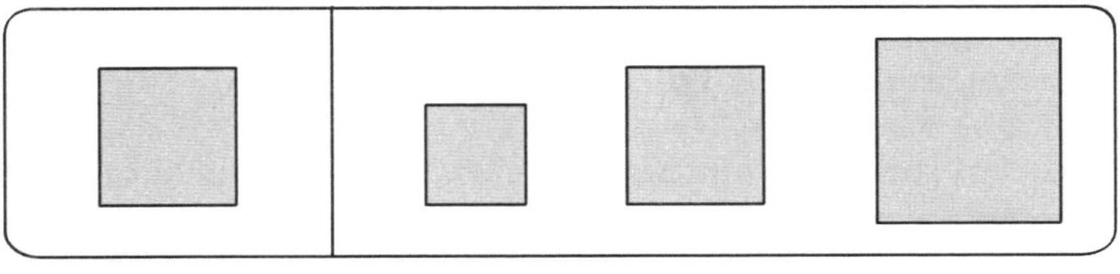

Ejercicio 2

Ejercicio 3

gulo, rectángulo, círculo) dibujadas en colores fuertes; ayudarlo a identificar y nombrar cada una de las formas.

5. Con el ejercicio anterior, ayude al niño a descubrir objetos de su medio ambiente que tengan estas mismas formas.
6. Dibuje objetos sencillos que incluyan formas geométricas y pida al niño que marque con una cruz todos los círculos. Puede hacer dibujos que no necesariamente contengan estas formas, e ir empleando formas nuevas (no utilizadas anteriormente).
7. Discriminar qué dibujos son iguales; el niño debe unirlos con una línea (ejercicio 4).

Para niños de cinco a seis años:

1. Clasificación de formas: proporcionar al niño una serie de figuras geométricas (círculo, cuadrado, triángulo y rectángulo) de dos tamaños, cortadas en cartulinas de colores diferentes; el niño deberá agruparlas según forma, tamaño y/o color (ejercicio 5).
2. Con el material del ejercicio anterior el niño deberá realizar combinaciones con las formas geométricas siguiendo un modelo dado por el padre.
3. En este ejercicio el niño debe descubrir cuál dibujo es igual al modelo y marcarlo con una cruz (ejercicio 6).
   En el ejercicio siguiente deberá marcar la figura diferente al modelo (ejercicio 7).
4. Realizar ejercicios como el anterior; use ahora letras y números (no es necesario el aprendizaje del sonido o nombre de las letras y números). Ejemplo: une con líneas las figuras iguales (véase pág. 214).

x e u m

n m c n e

c a u x a

Ejercicio 4

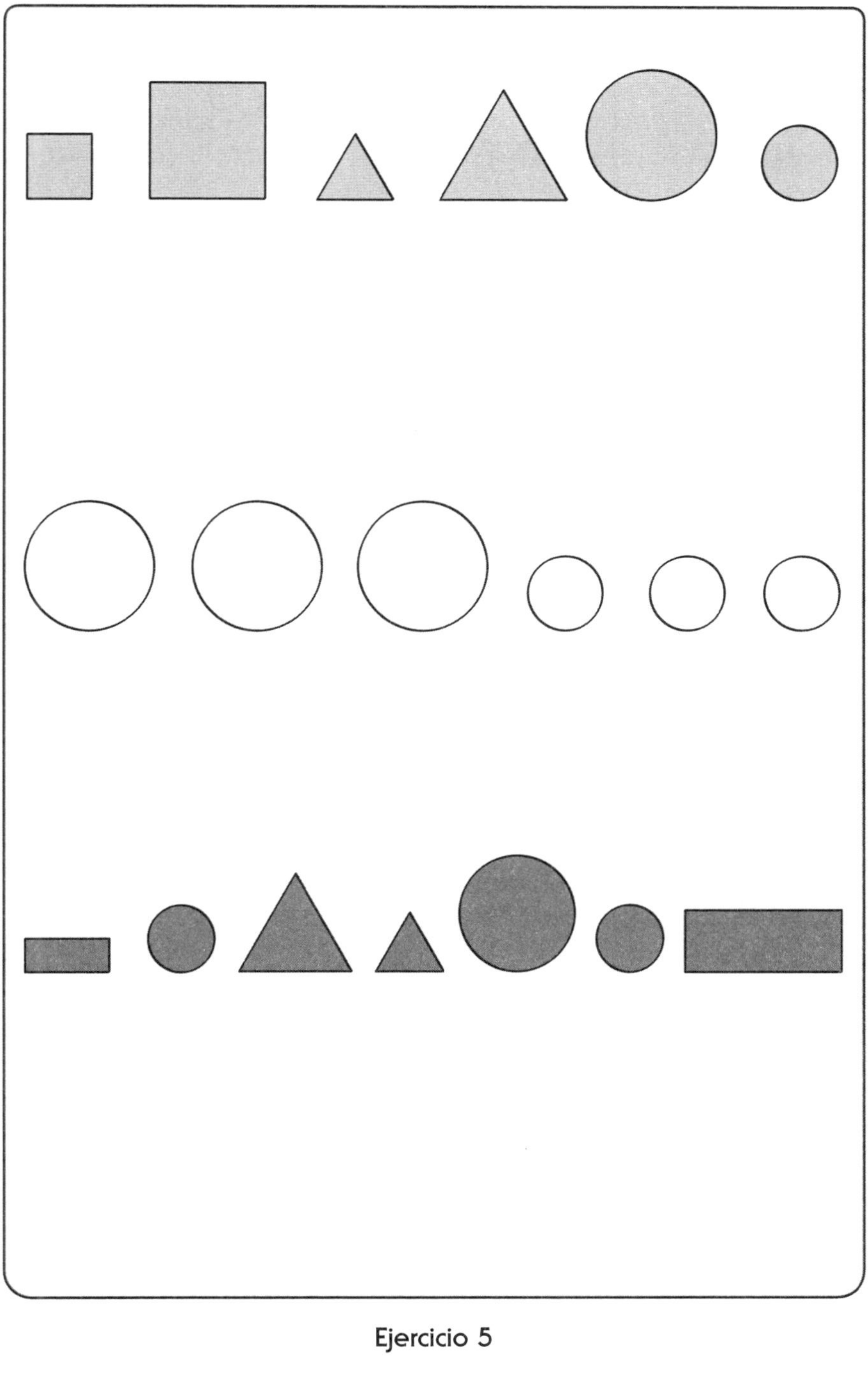

Ejercicio 5

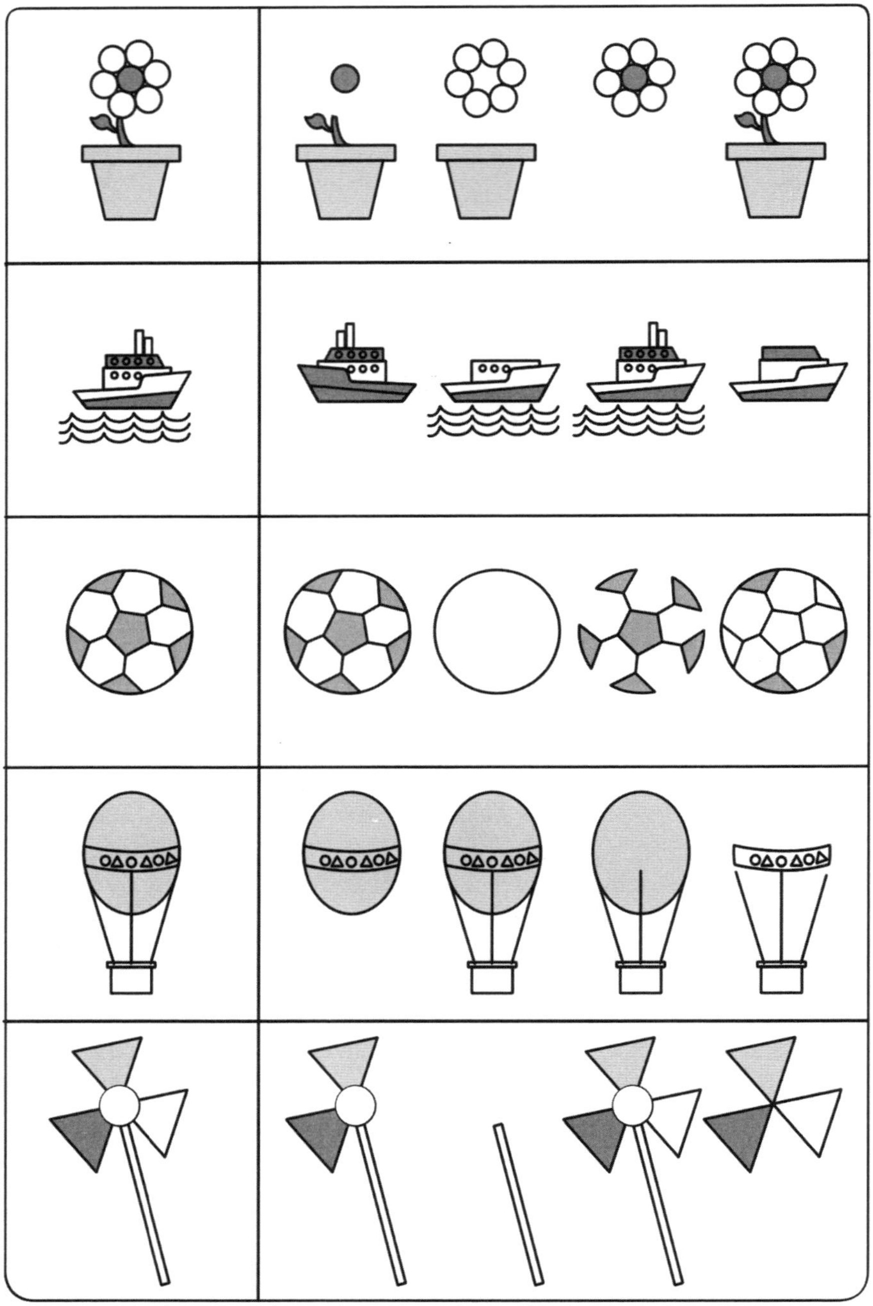

Ejercicio 6

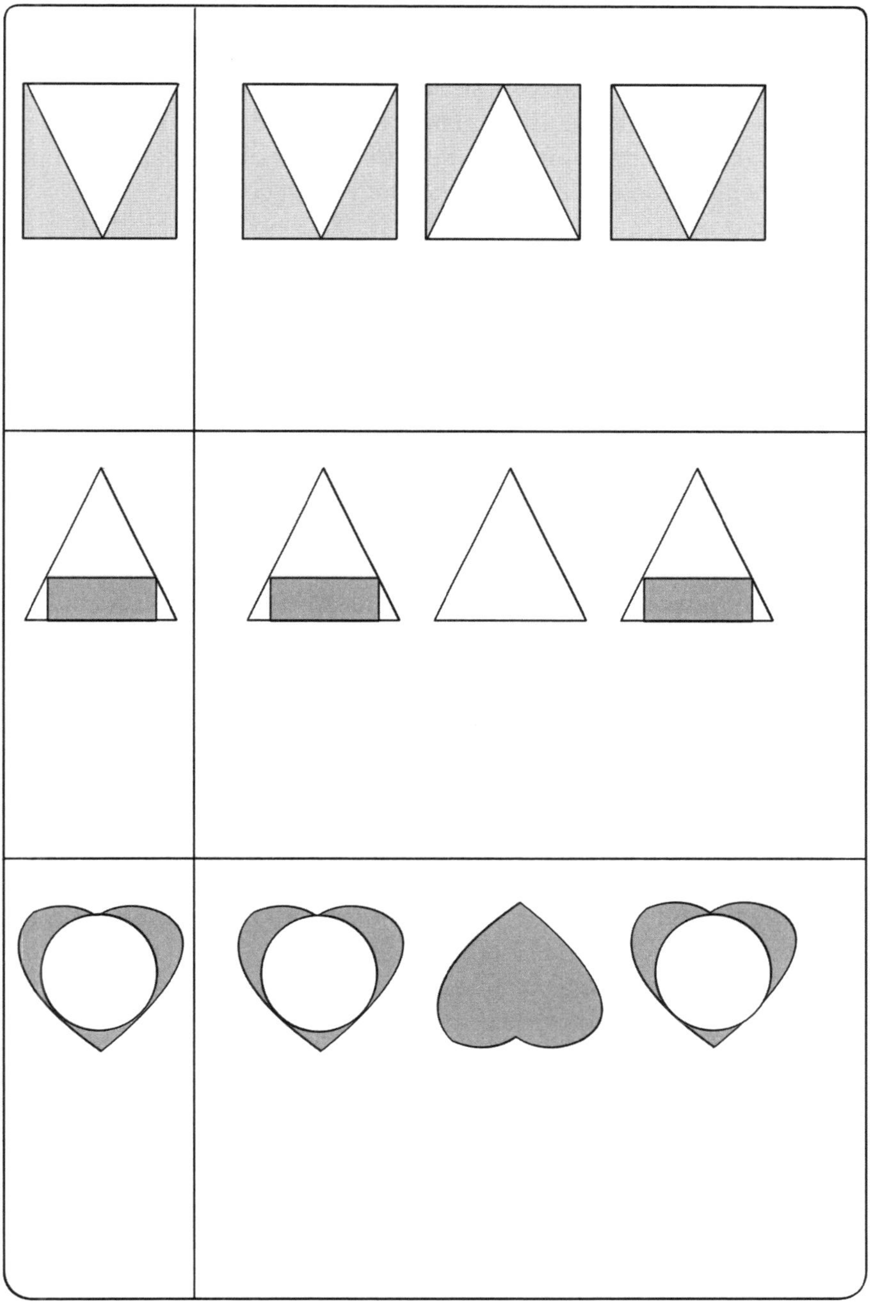

Ejercicio 7

MEMORIA VISUAL

En los siguientes ejercicios se debe proceder de igual manera para las dos edades, variando únicamente el número de elementos con los que se trabaja. Se debe aumentar el número de objetos en cada ejercicio a medida que el niño tenga éxito en su ejecución.

1. Presentar al niño series de objetos familiares que sepa nombrar. Colocar dos objetos sobre la mesa. Se le pide al niño que los nombre y luego, después de hacerle cerrar los ojos, se retira uno de los objetos. El niño deberá nombrar el objeto que falta.

2. Mostrar al niño un objeto; deberá nombrarlo. El padre lo ocultará y posteriormente se lo presentará junto a otro objeto. El niño deberá señalar cuál fue el que se le mostró.

3. Hacer que el niño mire y manipule durante 10 segundos objetos concretos (por ejemplo: una cucharilla, un lápiz, muñequitos, etc.). Esconderlos y pedirle que diga y enumere qué objetos se le mostraron (si el niño presenta dificultad en recordar, puede aumentarse el tiempo de exposición hasta 30 segundos).

4. Cambiar los objetos por figuras geométricas y proceder de igual forma que en los ejercicios anteriores (usar las figuras construidas para los ejercicios de discriminación visual, anteriormente descritos).

5. Mostrar por un lapso de cinco a 10 segundos una de las figuras, ocultarla y que el niño diga cuál fue la que se le mostró. Los niños de cinco a seis años pueden dibujar la figura que vieron.

6. Mostrar una lámina con objetos comunes (comenzar por dos objetos y luego ir aumentando el número) para que el niño los mire y los nombre.

7. Ocultar la lámina y que el niño repita y enumere lo que vio, procurando que guarde la secuencia.

Ejercicios adicionales para niños de cinco a seis años:

8. Hacer que el niño observe un objeto durante unos segundos. Ocultarlo y pedirle que describa todo lo que ve y se acuerda (por ejemplo, un avión o una muñeca).

9. Dibujar en una hoja un objeto (figuras geométricas, letras y figuras complejas) para luego pedirle que lo observe durante 10 segundos; después ocultarle la hoja, que el niño reproduzca gráficamente lo que vio.

DISCRIMINACIÓN AUDITIVA

Es la capacidad para reconocer, diferenciar y dar un significado a estímulos auditivos, asociándolos a experiencias previas. Si el niño escucha un sonido (por ejemplo, el maullido de un gato), debe reconocerlo, diferenciándolo de los sonidos emitidos por otros animales.

El entrenamiento auditivo en este programa está dirigido a lograr habilidades para discriminar las semejanzas y diferencias de los sonidos. No nos referimos a la acuidad auditiva, que es la habilidad para escuchar sonidos de diferente tono y sonoridad. Con el fin de descartar interferencias de este tipo, se recomienda que antes de su ingreso al colegio, los niños sean sometidos a un estudio sencillo de audiometría, para detectar cualquier posible falla auditiva.

Un niño con deficiencias en la discriminación auditiva cometerá errores que harán que su lectura y escritura se vuelvan indescifrables, tanto para él como para los demás, comprometiendo seriamente su comprensión. Muy frecuentemente los niños con problemas de audición confunden sonidos que tienen un punto de articulación próximo, que son acústicamente similares o parecidos, como es el caso de: *m* por *n; b* por *p; t* por *d; f* por *v;* etc., y leerán o escribirán unos por otros.

Ejercicios para lograr una adecuada discriminación auditiva

Ejercicios para los niños de cuatro a cinco años:

1. Presentar al niño una lámina con dibujos de animales (perro, gato, gallina, oveja, pato, etc.) y pedirle que imite sus sonidos.

2. Usando la lámina anterior, el padre deberá emitir el sonido sin que el niño le vea la boca. Éste debe señalar a qué animal corresponde el sonido.

3. Presentar una lámina de dibujos que incluya medios de transporte (automóvil, avión, tren, motocicleta, ambulancia, etc.); pida al niño que imite su sonido y que indique cuáles son los que producen sonido más o menos fuerte.

4. Hacer que con los ojos cerrados identifique sonidos producidos por el padre, como romper papel, prender un fósforo, golpear o frotar las palmas de las manos, chasquear los dedos, rebotar una pelota, etcétera.

5. Identificar la intensidad de ruidos y sonidos escuchados: el niño debe determinar si son fuertes o suaves.

6. Identificación del ruido o sonido y de dónde proviene. Este ejercicio se realizará con la ayuda de amigos o hermanos quienes se ocultarán y emitirán un sonido o dirán algo. El niño debe descubrir de dónde proviene el sonido, y si fue voz, palmada o grito.

Ejercicios para los niños de cinco a seis años:

1. Llamar la atención acerca de los sonidos y ruidos que provienen del medio (gente que camina, corre, grita, habla, ladrido de perro, bocina de autos, pájaros, etc.); pedirles que los imiten, identifiquen y comparen.

2. Realizar juegos con sonidos consonantes:

a) Nombrar objetos y pedirle que descubra con qué sonido comienza. Empezar con las vocales, por ejemplo: ojo, uva, elefante, etc., y luego con las consonantes.
b) Darle el nombre de un objeto y que busque otro objeto cuyo nombre comience igual, ejemplos: casa/cama, vela/velo, etcétera.
c) Que recorte de una revista dibujos de objetos concretos, ejemplos: silla, mesa, etc., y que los pegue en hojas, agrupándolos de acuerdo con el sonido inicial.
d) Usando el material del ejercicio anterior, presente un dibujo y que el niño descubra a qué grupo corresponde.

3. Repetir los cuatro ejercicios del punto anterior esta vez descubriendo el sonido final de las palabras; ejemplo: pato/ gato.

4. Realizar el juego del "barquito cargado de..." con una palabra.

a) Por ejemplo: ha llegado un barquito cargado de... papa, y el niño debe buscar una palabra que comience con el mismo sonido (*p*). Si el niño acierta, déle la oportunidad a que sea él quien dé la orden. Deberá ser capaz de verificar si la respuesta es o no correcta.
b) Variación: dar al niño sólo el sonido de la letra (no el nombre de la letra) inicial, ejemplo: el barquito cargado de... p..., el niño deberá responder "papa" (o nombrar cualquier otro objeto, cuyo sonido inicial sea el exigido).

5. Decir al niño dos palabras, pedirle que las repita y diga si suenan igual o si riman o no. Ejemplo: luna/cuna: sí; pino/pala: no.

6. Dada al niño una palabra, él buscará otra que rime. Ejemplo: pato, el niño debe buscar gato, mato, etcétera.

7. Realizar los dos últimos ejercicios, esta vez con sonidos iniciales. Ejemplo: mano/masa. Preguntar si comienzan igual.

MEMORIA AUDITIVA

Los siguientes ejercicios son iguales para las dos edades, varían únicamente en el número de elementos con los que se trabaja.

1. Realizar el juego del eco: el padre emite primero una palabra (o número) y el niño debe tratar de reproducir lo que oyó. Cuando se aumenta el número de elementos, él debe respetar la secuencia en que fueron dados. Por ejemplo: padre: ocho; niño: ocho; padre: pala, silla; niño: pala, silla; padre: goma, lana, pelo; niño: goma, lana, pelo.

2. Presente al niño cajitas de fósforos que contengan diversos elementos: fósforos, piedritas, cartoncitos, granos de maíz, etc. Permítale manipular las cajitas para que descubra los distintos tipos de sonido que éstos producen. El padre debe agitar una de las cajitas y el niño debe reconocer su contenido por el sonido.

3. Aprovechando los objetos y las láminas con dibujos que usamos en la habilidad visual, realizar los siguientes ejercicios:

a) Mostrar al niño una lámina, decirle que nombre uno de los objetos; esperar 10 segundos y mostrarle nuevamente la lámina. Pedirle que señale cuál fue el objeto que nombró.

b) El padre debe dar golpes con la mano sobre la mesa, pudiendo usar una regla o lápiz. El niño debe reproducir dichos golpes en igual número y ritmo. Por ejemplo:

4-5 años:

**	dos golpes seguidos
* *	golpe, pausa, golpe
* * *	tres golpes seguidos

Aumentar el número de golpes y pausas a medida que el niño logre ejecuciones correctas.

5-6 años. Realizar secuencias de golpes más complejas:

** **

** ***

* ** *

4. Dar al niño una, dos, tres o más instrucciones, pidiéndole que las ejecute en el mismo orden. Por ejemplo: abre el cajón, saca una cucharilla y ponla sobre la mesa.

Ejercicios para los niños de cinco a seis años:

1. Hacer juegos de frases progresivamente más largas. El niño debe repetirlas y retenerlas. Ejemplo: el padre dice: la casa roja (el niño debe aumentar un adjetivo y repetir la frase completa; agregando sucesivamente elementos a la oración). Por ejemplo: la casa roja grande; la casa roja grande sucia, etcétera.
2. Lograr que el niño memorice poemas cortos de contenido interesante para él.
3. Jugar al mensajero. Dar al niño un mensaje oral para que lo trasmita textualmente a otra persona.
4. Memorizar trozos de melodías infantiles.

ESQUEMA CORPORAL

Esta habilidad implica el conocimiento, control y manejo adecuados de las diferentes partes del cuerpo (tabla 14.3), que permiten al niño conservar una estabilidad y control en las múltiples acciones que realiza.

Mediante los ejercicios que ofrecemos a continuación, el niño irá adquiriendo el conocimiento de las distintas partes de su cuerpo. El padre puede llevar un registro de las adquisiciones del niño usando las especificaciones que aparecen en la tabla 14.3. Ésta consta de un inventario de las partes del cuerpo humano; nos interesa que el niño sepa nombrar y señalar en sí mismo y en otras personas las partes del cuerpo; además, debe conocer la función –es decir, para qué sirven– de las distintas partes del cuerpo.

El padre marcará con una cruz en la tabla 14.3, el miembro y la habilidad que se está entrenando, una vez que se logren exitosamente cinco ensayos consecutivos. De ese modo, tendremos seguridad de que se logró una sólida adquisición del conocimiento de cada una de estas partes.

Tabla 14.3. Inventario del cuerpo.

Partes del cuerpo	*Nombrar y señalar en sí mismo*	*Nombrar y señalar en otros*	*Conocer la función (su utilidad)*
+ Cabeza			
– Tronco			
+ Brazos			
+ Piernas			
+ Pelo			
+ Ojos			
+ Nariz			
+ Boca			
+ Orejas			
+ Cuello			
– Hombros			
– Codos			
+ Manos			
+ Dedos			
+ Pecho			
+ Espalda			
+ Estómago			
– Cintura			
– Cadera			
+ Rodilla			
– Espinilla			

Tabla 14.3. (*Continuación.*)

Partes del cuerpo	*Nombrar y señalar en sí mismo*	*Nombrar y señalar en otros*	*Conocer la función (su utilidad)*
– Tobillo			
+ Pie			
+ Dedos			
+ Frente			
– Sien			
– Nuca			
– Mejilla			
– Cejas			
– Pestañas			
– Párpados			
+ Labios			
+ Dientes			
– Mentón			
+ Brazo			
– Antebrazo			
– Muñeca			
– Dorso (mano)			
– Palma (mano)			
– Índice			
– Anular			
– Medio			
– Meñique			
– Pulgar			
+ Uñas			
– Corva			

- Talón
- Planta
- Empeine

Ejercicios para el conocimiento corporal

Los siguientes seis ejercicios deben practicarse de igual manera en las dos edades, variando únicamente las partes corporales. Aquellas que deben ser entrenadas en niños de cuatro a cinco años están marcadas con una cruz en la tabla 14.3; el resto serán entrenadas en los niños de cinco a seis años.

1. Mostrar una figura humana grande (una muñeca sirve de ayuda), en la cual se vean claramente todas las partes del cuerpo. Señalar y nombrar un elemento (ejemplo: hombros), y que el niño repita. Luego se le pide que lo señale en sí mismo, y luego en otra persona, tocando y sintiendo su forma. Se procederá igual con todos los otros elementos, alternando los ejercicios de la lista.

2. Acompañar el ejercicio anterior con un análisis de la función de cada elemento. Ejemplo: el hombro sirve para mover el brazo.

3. Ayudar al niño a descubrir que en el cuerpo hay parejas de órganos o partes, trazando una línea imaginaria en forma vertical, enumerando las partes. Se puede usar una figura humana grande trazándole una línea vertical por la mitad (ejercicio 8).

4. Proporcione al niño un muñeco dividido en piezas para que lo arme. Ármelo usted primero para que él sepa de qué se trata. Para los niños de cuatro a cinco años, puede dejar el modelo a la vista; para los de cinco a seis, es preferible prescindir del modelo (ejercicio 9).

5. Hacer que el niño arme rompecabezas fabricados con recortes de figuras humanas pegadas en cartulina. De cuatro a cinco años, la figura debe estar dividida sólo por las partes gruesas (cabeza, tronco y extremidades). De cinco a seis años, la figura debe tener mayor número de divisiones (ejercicio 10).

6. Presentar dibujos de figuras humanas a las que les falten diferentes elementos. El niño debe completarlas y verbalizar las partes faltantes. Usar el criterio del ejercicio anterior para cada edad (ejercicio 11).

Ejercicio 8

Ejercicio 9

Ejercicio 10

Ejercicio 11

7. Enriquezca el ejercicio anterior haciendo que el niño explique qué es lo que le pasaría a esta persona si no tuviera tal o cual parte.

8. Hacer que el niño reproduzca figuras humanas en el papel usando lápiz o pintura, y verbalizando las partes que va dibujando. El padre debe ayudar a que el niño complete las partes.

9. Realizar juegos con muñecas, usando diferentes prendas de vestir, pidiendo al niño que las vista, las desvista y explique a dónde corresponde cada prenda y cómo se llama.

Ejercicios para niños de cinco a seis años

1. Formar figuras humanas en plastilina o arcilla, diciendo las partes que va formando.
2. Para que el niño tome conciencia de las posiciones que puede adoptar el cuerpo, hacer que el niño se acueste, se siente, se pare, se arrodille, se incline a un lado y a otro y que explique lo que está pasando con su cuerpo.
3. Acompañar el ejercicio anterior con ejercicios de equilibrio; realizar saltos con un pie, con los dos, caminar en una línea, detenerse con los ojos cerrados, etcétera.

HABILIDADES ESPACIALES (ORIENTACIÓN Y ESTRUCTURACIÓN ESPACIAL)

El factor espacial está determinado por tres componentes.

- El conocimiento de nociones espaciales.
- La organización de sí mismo y de otros elementos en el espacio.
- La estructuración del espacio.

El conocimiento de las nociones espaciales está constituido por la capacidad de orientarse y de distinguir las posiciones de los objetos en relación con sí mismo y con los demás. Estas posiciones son: adelante, atrás, arriba, abajo, derecha, izquierda.

La organización y estructuración espacial consisten en la capacidad de ordenar los elementos en el espacio. Esto implica establecer relaciones lógicas entre los elementos que estamos manipulando o trabajando para lograr una respuesta correcta o esperada.

Los niños que no logran estas habilidades tienden a presentar los siguientes tipos de errores:

1. Confunden letras de grafía similar que se diferencian únicamente en la posición espacial de algunos de sus elementos. Por ejemplo: *b* por *d; p* por *q; b* por *p; d* por *q;* etcétera.

Así, leerán "dote" por "bote"; "pueso" por "queso"; "beso" por "peso", etc., sin poder captar el mensaje de lo leído (o distorsionándolo). Por tanto, la lectura se convierte para estos niños en una actividad difícil y muchas veces carente de sentido.

2. Invierten el orden de las letras al leer y al escribir. Ejemplo: "las" por "sal"; "es" por "se"; "pardo" por "prado", etc. También se observa, aunque con menos frecuencia, que invierten el orden de las palabras en una oración.

3. Les será difícil acostumbrarse a la direccionalidad de la lectoescritura y cálculo de nuestro alfabeto y sistema numérico, los cuales se realizan de izquierda a derecha y de arriba a abajo. Una de las manifestaciones más serias de la falta de conocimiento de estas habilidades es la escritura en espejo, esto es, cuando el niño escribe de derecha a izquierda invirtiendo toda la palabra.

4. Tienden, en dictados o escritura espontánea, a separar o unir las palabras sin respetar la estructura del lenguaje. Ejemplo: "La pelo tademi her mano" por "La pelota de mi hermano".

Para facilitar los ejercicios destinados a lograr el conocimiento de las nociones derecha e izquierda se sugiere recurrir a la ayuda visual, poniendo una cinta en la muñeca de cada mano: en la muñeca derecha, una cinta roja, y en la izquierda, una azul. Con el fin de que el niño sea capaz de establecer una relación automática derecha-rojo e izquierda-azul se deben realizar ejercicios previos de identificación.

Esta ayuda visual (las cintas) es temporal y conviene abandonarla a medida que el niño ya no necesita mirarlas para saber cuál es su mano derecha y cuál la izquierda.

Es importante entrenar a los cuatro o cinco años las siguientes nociones: arriba-abajo, delante-atrás, entre-adentro-afuera; en cuanto se alcancen los cinco a seis años, conviene introducir en los mismos ejercicios sugeridos a continuación la noción derecha-izquierda, realizando previamente la identificación de cada mano con el apoyo visual indicado en los párrafos anteriores.

1. Reafirmar, usando los conocimientos del esquema corporal, las dos mitades del cuerpo. Mostrar al niño dos figuras humanas sencillas dibujadas en cartulina gruesa. Primero se partirá por la mitad en forma horizontal (por la cintura) para que el niño descubra en sí mismo la parte de arriba y la de abajo.

2. Nombrar lo que está delante, atrás, arriba y abajo del niño. Ejemplo: dime lo que está delante tuyo.

3. El mismo ejercicio anterior, usando el cuerpo del padre como punto de referencia. Ejemplo: ¿qué hay detrás de mí?

4. Lanzar una pelota o globo al oír la orden dada por el padre. Ejemplo; lanza la pelota hacia atrás (arriba, etc.).

5. Ubicar al niño sobre un ladrillo, o libro, y pedirle que salte según la orden dada por el papá. Ejemplo: "salta hacia atrás". Que suba nuevamente al libro y darle una nueva orden. Se puede complicar el ejercicio dándole órdenes secuenciales. Ejemplo: salta adelante, vuelve al libro, salta atrás, vuelve al libro y salta a un lado.

6. Trazar en una cartulina grande una línea horizontal por el medio. Pegar la cartulina en la pared y pedirle al niño que lance una pelota de acuerdo con la orden dada por el padre. Ejemplo: lanza la pelota hacia arriba. También se pueden hacer ejercicios secuenciales.

7. Realizar ejercicios usando el desplazamiento de objetos. Ejemplo: coloca esa caja detrás de ti, coloca el lápiz debajo de tu silla, etcétera.

8. Ubicar la posición de objetos del medio. Ejemplo: párate aquí y dime dónde está ubicado el florero. Si el niño no puede, conviene ayudarlo las primeras veces preguntando: ¿está adelante o atrás?

NOTA*:* todos estos ejercicios, incluyendo las nociones derecha e izquierda, deben realizarse con los niños de cinco a seis años.

Ejercicios para niños de cinco a seis años

1. Dividir una figura humana en forma vertical para evidenciar la existencia de un lado derecho y uno izquierdo. Si el niño tiene mucha dificultad en reconocerlos, se puede pintar una mitad roja y la otra azul, correspondiendo el rojo a la derecha y el azul a la izquierda.

2. Dar al niño órdenes que debe ejecutar con determinada mano o pie. Ejemplo: levanta ese papel con tu mano izquierda. Patea la pelota con el pie derecho, etc. Se puede usar este ejercicio con actividades de la rutina diaria.

3. Realizar ejercicios con el desplazamiento del niño, construyendo itinerarios. Ejemplo: tengo un tesoro escondido, si tú sigues mis instrucciones lo podrás encontrar (esconder cualquier objeto que sea de interés para el niño). Da dos pasos adelante, ahora uno a la derecha, etc., hasta hacerlo llegar adonde se encuentra el objeto.

4. En una hoja cuadriculada trazar caminos con un lápiz, siguiendo instrucciones. Ejemplo: dos cuadrados a la derecha, uno abajo, tres a la izquierda, etcétera.

5. Copiar formas presentadas en dificultad creciente. Se pueden formar primero con fósforos y que el niño las reproduzca también con fósforos; luego, hacerlas con papel y lápiz y que el niño las reproduzca de la misma manera.

ORIENTACIÓN Y ESTRUCTURACIÓN TEMPORAL

Así como el niño debe llegar a situarse en el espacio, igualmente debe hacerlo con respecto al tiempo. La conciencia del tiempo y la duración de éste tiene que ser estable. El niño debe adquirir la capacidad de reproducir la secuencia cronológica de los hechos, uno tras otro, teniendo conciencia de su duración. Esta noción se encuentra íntimamente ligada a la del espacio. Se señalan únicamente con líneas de análisis, pero la adquisición de una se realiza en función de la otra. Si un niño presenta interferencia en la adquisición de la noción temporal, los errores que presente debidos a deficiencias en la orientación espacial serán imposibles de corregir a menos que se entrenen conjuntamente las dos funciones.

Uno de los errores más comunes debido a la carencia de estas habilidades es la dificultad en la conjugación de verbos, para ello es necesario que el niño pueda situar las acciones, unas en relación con otras. Esto exige la adquisición de nociones como simultaneidad, anterioridad y posterioridad.

Ejercicios que facilitan la adquisición de esta habilidad

1. Ayudar al niño a establecer relaciones con las nociones "antes" y "después". Se puede usar el siguiente tipo de preguntas. Ejemplo: ¿ves la televisión antes o después de encenderla?, ¿te cepillas los dientes antes o después de acostarte?, ¿qué te pones primero al vestirte, los calcetines o los zapatos?

2. Trabajar con las nociones de edad: joven, mayor, menor, viejo, bebé. Ejemplo: establecer relaciones entre los miembros de la familia. ¿Tú eres mayor o menor que tu mamá?, ¿quién es más viejo, tu hermano o tu papá?

3. Presentar al niño cuatro cuadrados de diferente tamaño y pedirle que los coloree. Ayudarlo a descubrir en cuál demoró más y por qué.

4. Dibujar velas de diferentes tamaños y que el niño indique cuál de ellas se terminará más rápido, cuál durará más; que explique por qué. Se puede usar también otro tipo de elementos que se consumen, como el hielo.

5. Jugar adivinanzas que contengan el factor tiempo. Ejemplo: si quieres llegar de aquí al comedor muy rápido, ¿tienes que ir caminando o corriendo?

6. Para niños de cuatro a cinco años: ayudarlo a descubrir qué es lo que ocurre cuando se oculta el sol, qué es lo que vemos cuando es de noche, etc. Hacer que observe el cielo de día y de noche y lo describa, deteniéndose en señalar las diferencias.

7. Realizar ejercicios destinados al conocimiento del día y de la noche. Ejemplo: dibujar algunas estrellas, una luna, un sol y que el niño marque las figuras que vemos de noche. Que pinte las que vemos de día.

8. Pedirle que describa lo que hace durante el día, desde que se levanta. Exigir cada vez más exactitud en cuanto a la secuencia de los hechos.

9. Que describa lo que hace de noche, y preguntarle dónde, por qué, qué se pone, etcétera.

10. Estas dos actividades se pueden enriquecer haciendo preguntas al niño. Ejemplo: ¿qué haces después de levantarte de la cama?, ¿qué haces primero, ir al colegio o tomar el desayuno?, ¿qué comes primero, el postre o la sopa?

Ejercicios para niños de cinco a seis años

1. Juegos de marcha: hacer que el niño se desplace siguiendo las instrucciones del padre: camina, corre. Que el niño explique lo que sucede cuando corre. Ejemplo: cuando corro, llego más rápido. Cuando camino, tardo más.

2. Asociar la marcha con palmadas. Cada palmada corresponde a un paso. Dar primero palmadas con ritmo lento; el niño debe entonces caminar lentamente; aumentar la velocidad de las palmadas para lograr que el niño varíe el ritmo de su marcha. Se pueden buscar diferentes combinaciones de ritmos con el fin de que el niño practique.

3. Observar diferentes medios de locomoción. Ayudar al niño a descubrir cuál es más rápido, lento, más lento, etc. (avión, automóvil, bicicleta, camión, carreta).

4. El mismo ejercicio anterior, esta vez haciendo la comparación entre animales conocidos por el niño.

5. Lanzar una pelota rodando por el suelo, siguiendo las instrucciones del padre: lanza la pelota para que llegue hasta la puerta. Otra vez, ahora que vaya rápido. Ahora más rápido. Ahora muy lento, etcétera.

6. El padre deberá lanzar una pelota junto con la que lanza el niño con el fin de establecer comparaciones entre las dos. Ejemplo: ¿cuál llegó más rápido?, ¿cuál se demoró más? Que indique por qué.

ACTIVIDADES PARA LOGRAR EL CONOCIMIENTO DE LAS NOCIONES HOY, MAÑANA Y AYER

1. Relacionar lo que está pasando ahora con la noción de hoy. Preguntarle: ¿qué estás haciendo ahora?, ¿qué vas a hacer hoy?

2. Planificar con el niño actividades que quiera realizar. Ejemplo: ¿quisieras ir al circo? Explicarle que se trata de una actividad que no se realizó todavía, y que se hará otro día que no ha llegado aún y que puede ser mañana.

3. Ayudar al niño a recordar una actividad en la cual participó en días anteriores. Explicarle que se trata de algo que ya hizo, que ya pasó (eso hiciste ayer).

Todos los ejercicios de este programa ayudarán a los niños a adquirir ciertos conceptos básicos para evitar los problemas de aprendizaje. Sin embargo, estos problemas son complejos y si su niño presenta serias dificultades al realizarlos, le recomendamos consultar con un pediatra y un psicólogo, o un experto en educación especial.

BIBLIOGRAFÍA RECOMENDADA

Goldberg, S. (2004). *Juegos para ayudar a aprender a tu hijo*. Barcelona: Oniro.

Jasmine, G. (2001). *Actividades para aprender: el niño de 3 años*. Barcelona: Oniro.

Jasmine, J. (2002). *Actividades para aprender: el niño de 5 años*. Barcelona: Oniro.

Massler-Levin, I. y Levin, M. H. (2001). *Actividades para aprender: el niño de 2 años*. Barcelona: Oniro.

Pender McGhee, M. (2001). *Actividades para aprender: el niño de 1 año*. Barcelona: Oniro.

——(2001). *Actividades para aprender: el niño de 4 años*. Barcelona: Oniro.

Salazar, C. E. (2009). "Clasificación psicopedagógica del bajo rendimiento académico: Detección en el hogar y la escuela" en G. Aguilar, *Problemas de la conducta y emociones en el niño normal*. México: Trillas.

Índice analítico

La publicación de esta obra la realizó
Editorial Trillas, S. A. de C. V.

División Administrativa, Av. Río Churubusco 385,
Col. Pedro María Anaya, C.P. 03340, México, D. F.
Tel. 56 88 42 33, FAX 56 04 13 64

División Comercial, Calz. de la Viga 1132, C.P. 09439
México, D. F., Tel. 56 33 09 95, FAX 56 33 08 70

Se terminó de imprimir el 14 de julio del 2010,
en los talleres de Impresos Publicitarios y Empaques, S. A. de C. V.
Se encuadernó en Encuadernaciones y Acabados Gráficos.

AO 75 TASS CTP